SÊNECA
CONSOLAÇÕES A HÉLVIA, MÁRCIA E POLÍBIO

CamelotEditora

SÊNECA

CONSOLAÇÕES A HÉLVIA, MÁRCIA E POLÍBIO

ENCONTRE MAIS
LIVROS COMO ESTE

Copyright desta tradução © IBC - Instituto Brasileiro De Cultura, 2023

Título original: Minor Dialogues Together With the Dialogue On Clemency
Reservados todos os direitos desta tradução e produção, pela lei 9.610 de 19.2.1998.

1ª Impressão 2024

Presidente: Paulo Roberto Houch
MTB 0083982/SP

Coordenação Editorial: Priscilla Sipans
Coordenação de Arte: Rubens Martim
Tradução: Ana Luiza Cortelasse
Preparação de Texto: Leonan Mariano
Apoio de revisão: Lilian Rozati

Vendas: Tel.: (11) 3393-7727 (comercial2@editoraonline.com.br)

Foi feito o depósito legal.
Impresso na China

Dados Internacionais de Catalogação na Publicação (CIP)
de acordo com ISBD

C181c   Camelot Editora

Consolações (Márcia / Políbio / Hélvia) - Sêneca /
Camelot Editora. – Barueri : Camelot Editora, 2023.
128 p. ; 15,1cm x 23cm.

ISBN: 978-65-6095-018-4

1. Filosofia. 2. Sêneca. I. Título.

2023-3450   CDD 100
                                             CDU 1

Elaborado por Vagner Rodolfo da Silva - CRB-8/9410

IBC — Instituto Brasileiro de Cultura LTDA
CNPJ 04.207.648/0001-94
Avenida Juruá, 762 — Alphaville Industrial
CEP. 06455-010 — Barueri/SP
www.editoraonline.com.br

SUMÁRIO

DA CONSOLAÇÃO
O SEXTO LIVRO DOS DIÁLOGOS
ENDEREÇADO À MÁRCIA..7

DA CONSOLAÇÃO
O DÉCIMO PRIMEIRO LIVRO DOS DIÁLOGOS
ENDEREÇADO À SUA MÃE, HÉLVIA........................... 57

DA CONSOLAÇÃO
O DÉCIMO SEGUNDO LIVRO DOS DIÁLOGOS
ENDEREÇADO À POLÍBIO... 95

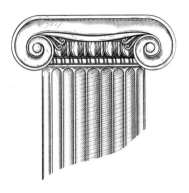

DA CONSOLAÇÃO

O SEXTO LIVRO DOS DIÁLOGOS

DE L. ANNAEUS SÊNECA, ENDEREÇADO À MÁRCIA

I. Márcia, se eu não soubesse que você possui tão pouca fraqueza de espírito quanto de outros vícios femininos, e que sua vida é considerada um exemplo de virtude antiga, eu não teria ousado confrontar sua tristeza, que muitos homens acalentam com carinho e abraçam. Nem teria concebido a esperança de persuadi-la a considerar a sorte isenta de culpa, tendo que defendê-la em um momento tão desfavorável, diante de um juiz tão parcial e contra uma acusação tão odiosa. No entanto, encontro confiança na comprovada força de sua mente e sua virtude, testada em circunstâncias difíceis. Todos sabem como você se comportou em relação ao seu pai, a quem amava tanto quanto seus filhos, com a exceção de não desejar que ele sobrevivesse a você. Na verdade, por tudo o que sei, talvez você tenha desejado isso também, porque um grande afeto ousa desafiar algumas das regras de ouro da vida. Você fez tudo o que estava ao seu alcance para evitar a morte de seu pai, Aulo Cremúcio Cordo[1]. No entanto, quando ficou claro que não havia outra forma de escapar da escravidão, cercado pelos capangas de Sejano[2], você não aprovou a decisão dele, mas desistiu de tentar impedi-lo. Você derramou lágrimas abertamente e engoliu os soluços, sem escondê-los por trás de um sorriso. Você fez tudo isso neste século, quando não ser desumano com os próprios pais é considerado o auge da afeição filial.

---

1   NOTA DE AUBREY STEWART — Consulte *História dos Romanos Sob o Império de Merivale*, capítulo XLV.
2   Lúcio Élio Sejano (20 a.C. - 31 d.C.) foi um prefeito da guarda pretoriana de Roma. Durante o reinado de Tibério, chegou a ser o homem mais influente de Roma. Forçou o pai de Márcia, Aulo Cremúcio Cordo, ao suicídio, que o fez para escapar de uma condenação feita por Satrius Secundus, um inferior de Sejano, após Aulo fazer críticas ao prefeito. (N. do T.)

CONSOLAÇÕES À MÁRCIA

Quando as mudanças de nossa época lhe deram a oportunidade, você restaurou o gênio de seu pai, que havia sofrido, e o tornou verdadeiramente imortal ao publicar os livros que aquele homem corajoso havia escrito com seu próprio sangue. Você fez um grande serviço à literatura romana, pois grande parte dos livros de Cordo[3] havia sido queimada, um grande serviço à posteridade, que receberá um relato verdadeiro de eventos que custaram tão caro ao autor, e um grande serviço a ele mesmo, cuja memória floresce e sempre florescerá, desde que as pessoas valorizem os fatos da história romana, enquanto houver alguém que queira revisar as ações de nossos antepassados, conhecer a verdadeira natureza de um romano — alguém que permaneceu invicto quando todos os outros se curvaram ao jugo de Sejano, alguém que era livre em todos os pensamentos, sentimentos e ações. Pela minha palavra, o Estado teria sofrido uma grande perda se você não o tivesse resgatado do esquecimento ao qual suas duas qualidades brilhantes, eloquência e independência, o haviam relegado. Ele é agora lido, é popular, é acolhido nas mãos e nos corações das pessoas, e não teme envelhecer. Quanto àqueles que o assassinaram, em breve as pessoas deixarão de falar de seus crimes, as únicas coisas pelas quais são lembrados.

Essa grandeza de espírito em você me proibiu de levar em consideração seu sexo ou seu rosto, ainda obscurecido pela tristeza que o atingiu muitos anos atrás. Veja, não farei nada

---

3   Aulo Cremúcio Cordo foi um historiador romano. Restou pouco de seus trabalhos após a morte, uma vez que foi determinado que suas obras fossem destruídas. Sua filha, Márcia, conseguiu guardar algumas que viriam a ser republicadas sob o governo de Calígula. (N. do T.)

às escondidas, nem tentarei roubar suas tristezas. Lembrei você das dores antigas e, para mostrar que sua ferida atual pode ser curada, mostrei a cicatriz de uma que também foi grave. Deixe que outros usem métodos suaves e carícias; eu decidi lutar contra sua tristeza e secar esses olhos cansados e exaustos, que já, para dizer a verdade, choram mais por hábito do que por tristeza. Vou tentar essa cura, se possível, com sua aprovação. Se você não aprovar meus esforços, ou não gostar deles, então terá que continuar a acalentar a tristeza que adotou como a sobrevivente de seu filho. O que, eu lhe pergunto, será o fim disso? Todos os meios foram tentados em vão: as consolações de seus amigos, que estão cansados de oferecê-las, e a influência de homens importantes que são seus parentes. A literatura, um gosto que seu pai apreciava e que você herdou dele, agora encontra seus ouvidos fechados e oferece uma consolação fútil, que mal ocupa seus pensamentos por um momento. Até o tempo, o maior remédio da natureza, que acalma a tristeza mais amarga, perde seu poder com você. Três anos já se passaram, e sua tristeza não perdeu nada de sua primeira intensidade, mas se renova e se fortalece dia após dia. Agora habita sua mente, pensando que seria indigno deixá-la. Todos os vícios se incorporam ao nosso ser se não os eliminamos antes que ganhem um ponto de apoio; e da mesma forma, esses sentimentos tristes, lastimáveis e discordantes acabam se alimentando de sua própria amargura, até que a mente infeliz passe a encontrar algum prazer mórbido na tristeza. Eu gostaria, portanto, de ter tentado essa cura nas fases iniciais da doença, antes que sua força se desenvolvesse plenamente; poderia ter sido contida com remédios mais suaves. Mas agora, que foi con-

CONSOLAÇÕES À MÁRCIA

firmada pelo tempo, não pode ser derrotada sem uma luta árdua. Da mesma forma, as feridas cicatrizam facilmente quando o sangue ainda está fresco nelas; podem ser limpas e trazidas à superfície e permitem ser sondadas pelo dedo. Quando a doença as transforma em úlceras malignas, sua cura é mais difícil. Agora, não posso influenciar uma tristeza tão intensa com medidas educadas e suaves; ela deve ser derrubada pela força.

II. Estou ciente de que todos que desejam aconselhar alguém começam com preceitos e terminam com exemplos, mas às vezes é útil alterar essa abordagem, pois precisamos lidar de forma diferente com pessoas diferentes. Alguns são guiados pela razão, enquanto outros precisam ser confrontados com autoridade e nomes de pessoas célebres, cujo brilho ofusca a mente deles e prejudica seu poder de julgamento livre. Vou apresentar diante de seus olhos dois dos maiores exemplos pertencentes ao seu sexo e ao seu século: um, o de uma mulher que permitiu que a tristeza a dominasse completamente; o outro, o de alguém que, embora afligido por uma desgraça semelhante e uma perda ainda maior, não permitiu que suas tristezas dominassem sua mente por muito tempo, mas rapidamente restaurou seu equilíbrio habitual. Octávia[4] e Lívia[5], a primeira irmã de Augusto[6], a segunda sua esposa, ambas perderam seus filhos quando eram jo-

4   Octávia Júlio Turino (69 a.C. - 10 a.C.) foi irmã de Augusto e sobrinha-neta de Júlio César. (N. do T.)
5   Lívia Drusa foi esposa de Augusto e mãe do imperador Tibério e de Nero Cláudio Druso, político e comandante romano. (N. do T.)
6   Augusto (63 a.C. - 14 a.C., nascido com o nome de Caio Otávio) foi o primeiro imperador romano e fundador do império, governando de 27 a.C. até 14 d.C. (N. do T.)

vens e estavam certos de suceder ao trono. Octávia perdeu Marcelo[7], de quem tanto seu sogro quanto seu tio começaram a depender e a colocar sobre seus ombros o peso do império — um jovem de inteligência aguda e caráter firme, frugal e moderado em seus desejos, o que merecia especial admiração, um jovem tão rico, forte para suportar o trabalho, avesso a indulgências e capaz de suportar qualquer fardo que seu tio escolhesse impor ou, posso dizer, empilhar sobre seus ombros. Augusto o escolhera bem como base, pois ele não teria sucumbido sob nenhum peso, por mais excessivo que fosse. Sua mãe nunca parou de chorar e soluçar durante toda a sua vida, nunca suportou ouvir conselhos saudáveis, nem permitiu que seus pensamentos se desviassem de sua tristeza. Ela permaneceu durante toda a sua vida exatamente como estava durante o funeral, com toda a força de sua mente inteiramente concentrada em um único assunto. Não digo que lhe faltava coragem para superar sua tristeza, mas ela se recusava a ser consolada, pensava que seria um segundo luto perder suas lágrimas e não queria nenhum retrato de seu querido filho, nem permitia que qualquer alusão fosse feita a ele. Ela odiava todas as mães e ficava furiosa com Lívia, em especial, porque parecia que a perspectiva brilhante uma vez reservada para seu próprio filho agora havia sido transferida para o filho de Lívia. Passando todos os seus dias em salas escuras e sozinha, não conversava nem mesmo com seu irmão, recusava-se a aceitar os poemas que foram compostos em memória de Marcelo e todas as outras homena-

---

7 Marco Cláudio Marcelo (41 a.C. - 23 a.C.) foi sobrinho e genro de Augusto, morreu ao ser empalado por uma lança após ser surpreendido em uma campanha contra tribos cartaginesas. (N. do T.)

CONSOLAÇÕES À MÁRCIA

gens prestadas a ele pela literatura, e fechava os ouvidos a toda consolação. Ela viveu enterrada e escondida da vista, negligenciando suas obrigações habituais e realmente irritada com o esplendor excessivo da prosperidade de seu irmão, a qual ela compartilhava. Embora cercada por seus filhos e netos, ela não quis abandonar suas vestes de luto, embora, ao mantê-las, parecesse desrespeitar todos os seus parentes, ao se considerar enlutada, apesar de estarem vivos.

III. Lívia perdeu seu filho, Druso[8], que teria sido um grande imperador e já era um grande general. Ele avançou profundamente na Germânia e fincou as bandeiras romanas em lugares onde a existência dos romanos mal era conhecida. Ele morreu durante a marcha, e seus inimigos o trataram com respeito, observando uma trégua recíproca, sem terem coragem de desejar o que lhes seria mais útil. Além de morrer assim, em serviço de seu país, uma grande tristeza por ele foi expressa pelos cidadãos, pelas províncias e por toda a Itália, por onde seu corpo foi acompanhado pelo povo das cidades e colônias livres, que saíram para prestar as últimas homenagens a ele, até que chegou a Roma em uma procissão que se assemelhava a um triunfo. Sua mãe não pôde receber seu último beijo e ouvir as últimas palavras carinhosas de seus lábios moribundos: ela seguiu os restos de seu Druso em sua longa jornada, embora cada uma das piras funerárias com as quais toda a Itália estava iluminada parecesse renovar sua tristeza, como se o tivesse perdido tantas vezes. No entanto, quando finalmente o depositou na tumba, deixou sua

---

8   Nero Cláudio Druso Germânico (38 a.C. - 9 d.C.) foi um proeminente comandante romano e deu início à conquista da Germânia para o Império Romano. Morreu após se acidentar com seu cavalo. (N. do T.)

tristeza ali com ele e não sofreu mais do que era devido a um César ou a uma mãe. Ela não parou de mencionar o nome de seu Druso, de colocar seu retrato em todos os lugares, tanto públicos quanto privados, e de falar dele e ouvir enquanto outros falavam dele com o maior prazer. Ela viveu com sua memória, da qual ninguém pode se afastar e conviver quando a torna dolorosa para si mesmo[9]. Escolha, portanto, qual desses dois exemplos você considera mais louvável: se preferir seguir o primeiro, você se afastará do número dos vivos; evitará a visão tanto das crianças dos outros quanto das suas, e até daquele cuja perda você lamenta; será vista por mães como um presságio de desgraça; recusará participar de prazeres honráveis e permitidos, achando-os inadequados para alguém tão aflito; terá relutância em continuar a viver e ficará especialmente irritada com a sua idade, porque ela não encerrará imediatamente sua vida abruptamente. Aqui estou interpretando da melhor maneira o que é realmente mais desprezível e estranho ao seu caráter. Quero dizer que você mostrará estar relutante em viver e incapaz de morrer. Por outro lado, se demonstrar um espírito mais brando e melhor regulado e tentar seguir o exemplo da nobre dama mencionada anteriormente, você não estará na miséria, nem desgastará sua vida com o sofrimento. Droga! Que loucura é essa, punir a si mesmo porque é infeliz e não diminuir, mas aumentar seus infortúnios! Você deve exibir, também nesse assunto, aquele comportamento decente e a modéstia que caracterizaram toda a sua vida, pois há tal coisa como

---

9   NOTA DE AUBREY STEWART — Se é doloroso pensar em amigos perdidos, é claro que você não fica constantemente relembrando deles ao falar sobre eles.

CONSOLAÇÕES À MÁRCIA

autocontrole na tristeza também. Você mostrará mais respeito pelo jovem em si, que merece que isso o faça feliz ao falar e pensar nele, se o fizer capaz de encontrar sua mãe com um semblante alegre, assim como costumava fazer quando estava vivo.

IV. Eu não vou convidar você a praticar os tipos mais severos de máximas, nem mandar você suportar o fardo da humanidade com uma filosofia acima do humano; tampouco vou tentar secar os olhos de uma mãe no próprio dia do enterro de seu filho. Vou aparecer com você diante de um árbitro: a questão sobre a qual discordaremos é se a tristeza deve ser profunda ou ininterrupta. Não duvido que você prefira o exemplo de Júlia Augusta, que era sua íntima amiga: ela o convida a seguir o seu método. Ela, em seu primeiro acesso, quando a tristeza foi especialmente aguda e difícil de suportar, buscou consolo em Áreo, o professor de filosofia de seu marido, e declarou que isso lhe fez muito bem; mais bem do que o pensamento do povo romano, a quem ela não queria entristecer com seu luto; mais do que Augusto, que, cambaleando sob a perda de um de seus dois principais apoiadores, não deveria ser ainda mais abatido pela tristeza de seus parentes; mais até do que seu filho Tibério, cujo afcto durante aquele enterro prematuro de alguém por quem nações inteiras choravam a fez sentir que havia perdido apenas um membro de sua família. Imagino que tenha sido a introdução à filosofia e à fundamentação de uma mulher especialmente firme em sua própria opinião: "Até o dia de hoje, Júlia, pelo que posso perceber — e eu era companheiro constante de seu marido e conhecia não apenas o que todos os homens podiam saber, mas também todos os pensamentos mais secretos de seus corações — você teve o cuidado de que ninguém encontrasse nada para censurar em sua conduta; não apenas em questões importantes, mas até em coisas triviais, você se esforçou para não fazer nada que desejasse que a fama comum, aquele juiz mais franco dos atos dos príncipes, pudesse ignorar. Nada, a meu ver, é mais admirável do que aqueles em posições elevadas perdoarem muitas falhas em outros e não terem que pedir o mesmo por seus próprios erros. Portanto, também neste assunto do luto, você deve agir de acordo com sua máxima de não fazer nada que deseje desfeito ou feito de outra forma.

V. "Em seguida, eu peço e suplico que você não seja obstinada e vá além do controle de seus amigos. Você deve estar ciente de que nenhum deles sabe como agir, seja mencionar Druso na sua presença ou não, pois eles não desejam prejudicar um jovem nobre esquecendo-o, nem machucá-la falando dele. Quando saímos e nos reunimos sozinhos, falamos livremente sobre o que ele disse e fez, tratando essas coisas com o respeito que merecem. Na sua presença, reina o profundo silêncio a respeito dele, e assim você perde o maior dos prazeres, que é ouvir os louvores de seu filho, os quais, não duvido, você estaria disposta a transmitir a todas as gerações futuras, se tivesse os meios para fazê-lo, mesmo que isso custasse sua própria vida. Portanto, suporte ouvir e, mais ainda, incentive conversas sobre ele, e deixe seus ouvidos estarem abertos ao nome e à memória de seu filho. Não deveria considerar isso doloroso, como fazem aqueles que, nesse caso, pensam que parte de sua infelicidade consiste em ouvir consolo. Como está, você caiu completamente para o outro extremo e, esquecendo os aspectos melhores de sua

CONSOLAÇÕES À MÁRCIA

situação, olha apenas para o lado ruim: não presta atenção ao prazer que teve na companhia de seu filho e em seus alegres encontros com ele, nos doces carinhos de sua infância, no progresso de sua educação. Tudo em que se concentra é naquela última cena de todas, e a isso, como se não fosse suficientemente chocante, você adiciona todos os horrores possíveis. Não, eu imploro, não tenha um orgulho perverso em parecer a mulher mais infeliz: e reflita também que não há grande mérito em agir corajosamente nos tempos de prosperidade, quando a vida flui facilmente com uma corrente favorável: nem um mar calmo e vento favorável demonstra a habilidade do piloto: é preciso um tempo ruim para provar sua coragem. Como ele, então, não ceda, mas se mantenha firme e suporte qualquer fardo que possa cair sobre você de cima, mesmo que tenha ficado assustada com o primeiro rugido da tempestade. Não há nada que lance tanta censura e culpa sobre a Sorte como a resignação." Após isso, ele aponta para o filho que ainda está vivo: ele mostra netos do que foi perdido.

VI. É a sua dor, Márcia, que foi tratada aqui; é ao lado de seu leito de luto que Áreo esteve sentado. Mude os personagens e é você que ele está consolando. Mas, por outro lado, Márcia, suponha que você tenha sofrido uma perda maior do que qualquer mãe antes de você: veja, não estou tentando acalmá-la ou minimizar sua desgraça. Se o destino pode ser vencido pelas lágrimas, então vamos fazer as lágrimas fluírem: que cada dia seja passado em luto, cada noite gasta em tristeza em vez de sono; que seu peito seja dilacerado por suas próprias mãos, seu próprio rosto atacado por elas, e todo tipo de crueldade seja praticado por sua tristeza, se isso a beneficiar. Mas se os mortos não podem ser trazidos de volta à vida, não importa o quanto possamos bater no peito; se o destino permanecer fixo e imutável para sempre, sem ser alterado por qualquer tristeza, por maior que seja, e a morte não soltar sua presa de nada que ela tenha tirado, então deixemos nossa tristeza fútil chegar ao fim. Vamos, então, seguir nosso próprio curso e não permitir mais que sejamos levados para longe pela força de nossa desgraça. É um piloto lamentável aquele que deixa as ondas arrancarem o leme de suas mãos, que deixa as velas ao vento e abandona o navio à tempestade; mas aquele que ousadamente agarra o leme e se agarra a ele até o mar se fechar sobre si merece elogios, mesmo que sofra um naufrágio.

VII. "Mas," você diz, "a tristeza pela perda dos próprios filhos é natural". Quem nega? desde que seja razoável. Pois não podemos evitar sentir um aperto, e até os mais corajosos de nós ficam abatidos, não apenas com a morte daqueles mais queridos, mas até quando partem em uma viagem. No entanto, o luto que a opinião pública impõe é mais do que a natureza exige. Observe o quão intensas e breves são as tristezas dos animais tolos: ouvimos uma vaca mugir por um ou dois dias, e nem as éguas continuam suas galopadas selvagens e sem sentido por muito tempo. Os animais selvagens, depois de rastrearem suas crias perdidas por toda a floresta e visitarem constantemente suas tocas saqueadas, aplacam sua raiva em um curto espaço de tempo. As aves circulam ao redor de seus ninhos vazios com gritos altos e piedosos, mas quase imediatamente retomam seu voo normal em silêncio; e nenhuma criatura passa longos períodos lamentando a perda de sua prole, exceto o ser humano, que encoraja sua

CONSOLAÇÕES À MÁRCIA

própria tristeza, cuja medida não depende de seu sofrimento, mas de sua vontade. Você pode perceber que ficar totalmente arrasado pela tristeza não é natural, observando que o mesmo infortúnio causa uma ferida mais profunda nas mulheres do que nos homens, nos selvagens do que nas pessoas civilizadas e cultas, nos ignorantes do que nos instruídos: no entanto, essas paixões, que derivam sua força da natureza, são igualmente poderosas em todos os homens. Portanto, fica claro que uma paixão de intensidade variável não pode ser natural. O fogo queimará todas as pessoas igualmente, homens e mulheres, de todos os níveis e idades; o aço mostrará seu poder de corte em todos os corpos igualmente; e por quê? Porque essas coisas derivam sua força da natureza, que não faz distinção de pessoas. A pobreza, a tristeza e a ambição[10] são sentidas de maneira diferente por diferentes pessoas, dependendo de como são influenciadas pelo hábito: um preconceito arraigado sobre os terrores dessas coisas, embora não devam ser realmente temidos, torna um homem fraco e incapaz de suportá-las.

VIII. Além disso, o que depende da natureza não é enfraquecido com o tempo, mas a tristeza é gradualmente apagada por ele. Por mais obstinada que seja, mesmo que seja renovada diariamente e seja exacerbada por todas as tentativas de acalmá-la, ainda assim, se enfraquece com o tempo, que é o meio mais eficaz de domar sua ferocidade. Você, Márcia, ainda tem uma grande tristeza em si, no entanto, já parece ter se tornado menos aguda: é obstinada e duradoura, mas

---

10 NOTA DE AUBREY STEWART — Koch declara que isso não pode ser a leitura correta e sugere "*deminutio*", que significa "degradação".

não tão intensa quanto foi no início; e isso também será retirado de você aos poucos nos anos subsequentes. Sempre que você estiver ocupada com outras atividades, sua mente ficará aliviada de seu fardo; atualmente, você se mantém vigilante para evitar isso. No entanto, há uma grande diferença entre permitir e forçar a si mesmo a sofrer. Quão de acordo com seu gosto refinado seria encerrar seu luto em vez de esperar pelo fim, e não esperar pelo dia em que sua tristeza cessará contra a sua vontade? Dispense-a por iniciativa própria.

IX. "Então," você pergunta, "por que persistimos tanto em lamentar nossos amigos, se não é a natureza que nos ordena fazê-lo?" É porque nunca esperamos que qualquer mal nos acometa antes que ele ocorra, não queremos aprender com as desgraças alheias que são uma herança comum a todos os homens, mas imaginamos que o caminho que começamos a trilhar está livre delas e menos cercado de perigos do que o das outras pessoas. Quantos funerais passam por nossas casas? Ainda assim, não pensamos na morte. Quantas mortes prematuras? Pensamos apenas na maioridade de nosso filho, em seu serviço no Exército ou na sua sucessão à propriedade de seu pai. Quantos homens ricos subitamente caem na pobreza diante de nossos olhos, sem que jamais ocorra a nós que nossa própria riqueza está exposta aos mesmos riscos? Portanto, quando a desgraça nos atinge, não podemos deixar de desmoronar tão completamente, porque somos atingidos como se fosse de surpresa: um golpe que há muito tempo vem sendo previsto nos atinge muito menos intensamente. Você deseja saber o quão completamente você está exposto a cada golpe do destino e que as mesmas flechas que atingiram outros estão voando ao seu redor? Então, imagine que você está avançando sem armadura suficiente para atacar um muro da cidade ou uma posição forte e elevada guarnecida por um grande exército, espere um ferimento e suponha que todas aquelas pedras, flechas e dardos que enchem o espaço superior estão direcionados ao seu corpo: sempre que alguém cai ao seu lado ou atrás de você, exclame: "Fortuna, você não me enganará ou me pegará confiante e descuidado: eu sei o que você está se preparando para fazer: você abateu outro, mas mirou em mim." Quem olha para seus próprios problemas como se estivesse à beira da morte? Qual de nós ousa pensar sobre o desterro, a necessidade ou o luto? Quem, se aconselhado a meditar sobre esses assuntos, não rejeitaria a ideia como um mau presságio e a mandaria embora de si, para pousar nas cabeças de seus inimigos, ou até mesmo na cabeça de seu conselheiro intempestivo? "Eu nunca pensei que isso aconteceria!" Como você pode pensar que nada acontecerá quando sabe que isso pode acontecer com muitos homens, e já aconteceu com muitos? Este é um verso nobre e digno de uma fonte ainda mais nobre do que o palco:

"O que alguém sofreu poderá ocorrer com todos nós."

Aquele homem perdeu seus filhos: você pode perder os seus. Aquele homem foi condenado: sua inocência está em perigo. Somos enganados e enfraquecidos por esta ilusão quando sofremos o que nunca previmos que poderíamos sofrer: mas ao anteciparmos a chegada de nossas tristezas, amenizamos o impacto delas quando chegam.

X. Minha Márcia, todas essas circunstâncias adventícias que brilham ao nosso redor, como filhos, cargos no Estado, riqueza, grandes salões, vestíbulos lotados de clientes buscando em vão por admissão, um nobre nome, uma esposa bem-nascida ou bela e qualuer outra coisa que depende inteiramente da sorte incerta e mutável, são apenas móveis que não nos pertencem, mas nos são confiados como empréstimo: nada disso nos é dado de graça. O palco de nossas vidas é decorado com adereços reunidos de várias fontes e logo serão devolvidos aos seus respectivos donos. Alguns deles serão retirados no primeiro dia, outros no segundo, e apenas alguns permanecerão até o final. Portanto, não temos motivos para nos considerarmos com complacência, como se as coisas que nos cercam fossem nossas: elas são apenas empréstimos: temos o uso e desfrute delas por um tempo regulado pelo doador, que controla seu próprio presente. É nosso dever sempre estarmos prontos para pôr as mãos naquilo que nos foi emprestado, sem data fixa para seu retorno, e devolvê-lo quando chamados, sem reclamar: o devedor mais detestável é aquele que insulta seu credor. Portanto, todos os nossos parentes, tanto aqueles que, pela ordem de nascimento, esperamos que sobrevivam a nós mesmos, quanto aqueles que, de acordo com sua própria natureza, desejam morrer antes de nós, devem ser amados por nós como pessoas que não podemos ter certeza de ter conosco para sempre, nem mesmo por muito tempo. Devemos lembrar frequentemente que precisamos amar as coisas desta vida como se fossem aquelas que em breve nos deixarão, ou mesmo no exato momento em que nos deixarão. Qualquer dádiva que a Fortuna conceda a um homem, que ele pense enquanto a desfruta, que ela se mostrará tão volúvel quanto a deusa de quem ela veio. Aproveite o prazer que você pode obter de seus filhos, permita que seus filhos, por sua vez, divirtam-se em sua companhia e desfrute de todo prazer até o fim, sem demora. Não podemos contar com a noite, na verdade, eu permiti um atraso muito longo, não podemos contar com esta hora: precisamos nos apressar: o inimigo atrás de nós nos pressiona: em breve essa sociedade sua será desfeita, essa agradável companhia será tomada de repente e dispersa. O saque é a lei universal: criaturas infelizes, vocês não sabem que a vida é apenas uma fuga? Se você se entristece pela morte de seu filho, a culpa é do momento de seu nascimento, pois em seu nascimento foi dito que a morte era o destino dele: é a lei sob a qual ele nasceu, o destino que o acompanhou desde que saiu do ventre de sua mãe. Estamos sob o domínio da Fortuna, e é um domínio áspero e intransigente: ao seu capricho, devemos sofrer todas as coisas, mereçamos ou não. Ela maltrata nossos corpos com raiva, insultos e crueldade: a uns ela queima, sendo o fogo às vezes aplicado como punição e às vezes como remédio: a outros ela aprisiona, permitindo que seja feito em um momento por nossos inimigos, e em outro por nossos compatriotas: ela lança outros nus no mar volúvel e depois de sua luta contra as ondas, não os lança sequer na areia ou na costa, mas os enterra na barriga de algum monstro marinho gigante: ela enfraquece outros até que fiquem reduzidos a um esqueleto por várias doenças e os mantém por muito tempo entre a vida e a morte: ela é tão volúvel em suas recompensas e punições quanto uma amante inconstante, extravagante e descuidada é com seus escravos.

XI. Por que precisamos chorar por partes de nossas vidas? O todo chama por lágrimas: novas misérias nos atacam antes que tenhamos nos libertado das antigas. Portanto, aqueles de vocês que permitem que eles os atormentem de forma irracional devem especialmente se conter e reunir todas as forças do peito humano para combater seus medos e suas dores. Além disso, que esquecimento de sua própria posição e humanidade é esse? Você nasceu mortal e deu à luz mortais: você mesma é um corpo fraco e frágil, sujeito a todas as doenças, pode ter esperado produzir algo forte e duradouro a partir de materiais tão instáveis? Seu filho morreu: em outras palavras, ele atingiu o objetivo para o qual aqueles que você considera mais afortunados do que sua prole ainda estão se dirigindo: este é o ponto para o qual se movem a taxas diferentes todas as multidões que estão brigando nos tribunais, sentadas nos teatros, orando nos templos. Aqueles que você ama e aqueles que você despreza serão feitos iguais nas mesmas cinzas. Este é o significado desse comando, CONHECE-TE A TI MESMO, que está escrito no santuário do oráculo Pítico. O que é o homem? Um vaso de oleiro, a ser quebrado com o mais leve abalo ou arremesso: não é necessária uma grande tempestade para despedaçar você: você se desfaz onde quer que seja atingido. O que é o homem? Um corpo fraco e frágil, nu, sem nenhuma proteção natural, dependente da ajuda dos outros, exposto a todo o desprezo da sorte; mesmo quando seus músculos estão bem treinados, ele é presa e alimento da primeira fera selvagem que encontra, formado por substâncias fracas e instáveis, belo em sua aparência exterior, mas incapaz de suportar o frio, o calor ou o trabalho, e ainda entra em colapso se mantido na ociosidade e na preguiça, temendo até mesmo sua comida, pois morre de fome se não a tiver e estoura se tiver em excesso. Ele não pode ser mantido a salvo sem cuidados ansiosos,

CONSOLAÇÕES À MÁRCIA

seu fôlego fica no corpo por mera tolerância e não tem uma verdadeira aderência a ele; ele se assusta com cada perigo repentino, com qualquer barulho alto e inesperado que chega aos ouvidos. Sempre uma causa de ansiedade para nós mesmos, doentes e inúteis como somos, podemos nos surpreender com a morte de uma criatura que pode ser morta por um único soluço? É uma grande empreitada pôr um fim a nós mesmos? Pois bem, odores, sabores, fadiga e falta de sono, comida e bebida, e até mesmo as necessidades básicas da vida, são mortais. Para onde quer que ele vá, imediatamente se torna consciente de sua fraqueza, incapaz de suportar todos os climas, adoecendo após beber água estranha, respirando um ar ao qual não está acostumado, ou por outras causas e razões das mais fúteis, frágil e doente, ingressando em sua vida com lágrimas: no entanto, que perturbação faz esse ser desprezível! Que ideias ele concebe, esquecendo sua condição humilde! Ele exerce sua mente em assuntos imortais e eternos e organiza os assuntos de seus netos e bisnetos, enquanto a morte o surpreende no meio de seus planos de longo alcance, e o que chamamos de velhice é apenas a roda-da de muitos poucos anos.

XII. Supondo que a sua tristeza tenha algum propósito, ela visa as suas próprias aflições ou as daquele que se foi? Por que você lamenta a perda de seu filho? É porque você não recebeu nenhum prazer dele, ou porque teria recebido mais se ele tivesse vivido por mais tempo? Se você responder que não recebeu nenhum prazer dele, torna sua perda mais suportável, pois as pessoas sentem menos falta do que não lhes proporcionou nenhum prazer ou alegria. Se, por outro lado, você admitir que recebeu muito prazer, é seu dever não se queixar da parte que perdeu, mas agradecer pelo que desfrutou. Apenas criá-lo já deveria ter lhe proporcionado uma recompensa suficiente por seus esforços, pois é difícil acreditar que aqueles que se esforçam ao máximo para criar filhotes, pássaros e outras pequenas diversões, sintam prazer ao ver, tocar e acariciar essas criaturas tolas e, no entanto, aqueles que criam filhos não encontrariam recompensa em fazê-lo. Assim, mesmo que sua diligência não tenha rendido nada para você, seu cuidado não tenha economizado nada para você, seu discernimento não tenha fornecido nenhum conselho, você encontrou uma recompensa suficiente em tê-lo possuído e amado. "Mas", você diz, "poderia ter durado mais tempo". Verdade, mas você foi tratada melhor do que se nunca tivesse tido um filho, porque, supondo que você tivesse a escolha, qual é o melhor destino, ser feliz por um curto período ou não ser feliz de forma alguma? É melhor desfrutar de prazeres que logo nos deixarão do que não desfrutar de nenhum. Qual deles você escolheria? Ter tido um que fosse uma desgraça para você e que apenas ocupasse a posição e o nome de seu filho, ou um de caráter tão nobre como o de seu filho? Um jovem que logo se tornou discreto e obediente, logo se tornou marido e pai, logo se tornou ávido por honras públicas e logo obteve o sacerdócio, conquistando seu caminho para todas essas coisas admiráveis com igual velocidade admirável. Apenas um número muito limitado de pessoas pode desfrutar de grande prosperidade e mantê-la por muito tempo: apenas uma forma de felicidade monótona pode durar por muito tempo e nos acompanhar até o final de nossas vidas. Os deuses imortais, que não tinham a intenção de lhe dar um filho por muito tempo,

CONSOLAÇÕES À MÁRCIA

lhe deram um que imediatamente foi o que outro teria exigido um longo treinamento para se tornar. Você nem mesmo pode dizer que foi especialmente marcado pelos deuses para a infelicidade porque não teve prazer em seu filho. Olhe para qualquer grupo de pessoas, quer você as conheça ou não: em toda parte você encontrará algumas que suportaram desgraças maiores do que as suas. Grandes generais e príncipes sofreram perdas semelhantes: a mitologia nos diz que os deuses também não estão isentos delas, com o objetivo, suponho, de aliviar nossa tristeza com a morte, pelo pensamento de que até as divindades estão sujeitas a ela. Olhe em volta, repito, para todos: você não pode mencionar uma única casa tão miserável que não encontre consolo no fato de outra ser ainda mais infeliz. Não, eu, por Hércules, não penso tão mal de seus princípios a ponto de supor que você suportaria sua tristeza mais levemente se eu lhe mostrasse uma enorme multidão de enlutados: esse é um tipo de consolo maldoso que derivamos do número de nossos semelhantes que sofrem conosco: no entanto, citarei alguns exemplos, não para lhe ensinar que isso muitas vezes acontece com os homens, pois é absurdo multiplicar exemplos da mortalidade do homem, mas para que você saiba que muitos aliviaram suas desgraças com paciência. Começarei com o homem mais afortunado de todos. Lúcio Sula perdeu seu filho, no entanto, isso não prejudicou nem a malícia nem o brilhante valor que ele demonstrou à custa de seus inimigos e compatriotas, nem o fez parecer que ele assumiu seu título bem conhecido de forma não verdadeira que ele fizera isso após a morte de seu filho, sem temer o ódio dos homens, pelos quais sofreram o preço de sua excessiva prosperidade, nem a má vontade dos deuses, para quem era um ultraje que Sula fosse tão verdadeiramente O Afortunado. No entanto, o que realmente foi o caráter de Sula pode ser considerado uma questão ainda em aberto: mesmo seus inimigos admitirão que ele pegou em armas com honra e as largou com honra: seu exemplo prova o ponto em questão, que um mal que atinge mesmo os mais afortunados não pode ser de primeira magnitude.

XIII. Que a Grécia não pode se vangloriar demais daquele pai que, estando prestes a oferecer um sacrifício quando ouviu a notícia da morte de seu filho, apenas ordenou que o tocador de flauta se calasse e tirou a grinalda da cabeça, mas realizou todo o restante da cerimônia devidamente, deve-se a um romano, Pulvillus, o sumo sacerdote. Quando ele estava segurando o batente da porta[11] e dedicando o Capitólio, a notícia da morte de seu filho foi trazida a ele. Ele fingiu não ouvir e pronunciou a fórmula adequada para o sumo sacerdote em tal ocasião, sem que sua oração fosse interrompida por um único gemido, pedindo a Júpiter que se mostrasse gracioso, no exato momento em que ouviu o nome de seu filho mencionado como morto. Você não imagina que o luto desse homem não conheceu fim, se o primeiro dia e o primeiro susto não conseguiram afastá-lo, embora fosse pai, do altar público do Estado ou fazê-lo estragar a cerimônia de dedicação com palavras de mau presságio? Ele era, de fato, digno do sacerdócio mais elevado, pois não deixou de reverenciar os deuses, mesmo quando eles estavam

---

11 NOTA DE AUBREY STEWART — Isso parece ter sido parte da cerimônia de dedicação. Pulvillus estava dedicando o Templo de Júpiter no Capitólio. Consulte *Livy*, II. 8; Cícero, *Pro Domo*, parágrafo CXXI.

zangados. No entanto, depois de ter ido para casa, encheu os olhos de lágrimas, proferiu algumas palavras de lamentação e realizou os ritos com os quais era então costume homenagear os mortos, recuperando a expressão facial que usava no Capitólio.

Paulo[12], por volta do tempo de seu magnífico triunfo, no qual conduziu Perses acorrentado diante de seu carro, deu dois de seus filhos para serem adotados por outras famílias e enterrou aqueles que havia mantido para si. O que você acha que aqueles que ele guardou deviam ter sido, quando Cipião foi um dos que ele deu? Não foi sem emoção que o povo romano viu a carruagem vazia[13] de Paulo: no entanto, ele fez um discurso para eles e agradeceu aos deuses por terem atendido sua prece: pois ele havia rezado para que, se alguma oferenda a Nêmesis fosse devida em consequência da vitória estupenda que havia conquistado, que fosse paga à sua própria custa e não à de seu país. Você vê como ele suportou sua perda com grandeza de alma? Ele até se parabenizou por ficar sem filhos, embora quem teria mais a sofrer com tal mudança? Ele perdeu de uma vez seus consoladores e seus auxiliares. No entanto, Perses não teve o prazer de ver Paulo triste.

---

12 NOTA DE AUBREY STEWART — Lúcio Emílio Paulo conquistou Perseu, o último Rei da Macedônia, em 168 a.C.

13 NOTA DE AUBREY STEWART — "Pois ele tinha quatro filhos, dois, como já foi relatado, adotados por outras famílias, Cipião e Fábio; e outros dois, que ainda eram crianças, de sua segunda esposa, que viviam em sua própria casa. Destes, um morreu cinco dias antes do triunfo de Emílio, com quatorze anos, e o outro, com doze anos, morreu três dias após: de modo que não havia nenhum romano que não lamentasse por ele", etc. — Plutarco, *Vida de Emílio*, capítulo XXXV.

XIV. Por que eu deveria guiála através da interminável série de grandes homens e escolher os infelizes, embora não fosse mais difícil encontrar os felizes? Quantas famílias mantiveram todos os seus membros até o fim? Qual delas não sofreu alguma perda? Pegue qualquer ano que desejar e nomeie os cônsules desse ano: se você preferir, o de[14] Lúcio Bibulus e Caio César; você verá que, embora esses colegas fossem inimigos amargos um do outro, ainda assim suas sortes coincidiam. Lúcio Bibulus, um homem mais notável por sua bondade do que por sua força de caráter, teve seus dois filhos assassinados ao mesmo tempo e até insultados por soldados egípcios, de modo que o agente de sua perda era tão digno de lágrimas quanto a própria perda. No entanto, Bibulus, que durante todo o seu ano de mandato havia permanecido escondido em sua casa, para lançar a culpa sobre seu colega César no dia seguinte ao que soube da morte de seus dois filhos, saiu e tratou dos assuntos rotineiros de sua magistratura. Quem poderia dedicar menos de um dia ao luto por dois filhos? Assim, rapidamente ele encerrou seu luto por seus filhos, embora tivesse lamentado durante um ano inteiro por seu consulado. Caio César, depois de ter atravessado a Grã-Bretanha e não permitido que nem mesmo o oceano limitasse seus sucessos, soube da morte de sua filha, o que apressou a gravidade dos problemas. Já Gneu Pompeu estava diante de seus olhos, um homem que não toleraria que qualquer outro além dele se tornasse uma grande potência no estado, e que provavelmente colocaria um freio

---

14 NOTA DE AUBREY STEWART — A.U.C. 695, a.C. 59. (*Ab Urbe Condita*, em latim, que se refere à contagem de anos desde a fundação de Roma, o que equivale a 59 a.C. em nossa contagem atual de anos.)

em seu avanço, que ele havia considerado oneroso mesmo quando cada um deles se beneficiava com o avanço do outro: no entanto, em três dias ele retomou suas funções como general e superou seu pesar tão rapidamente quanto costumava superar tudo o mais.

XV. Por que eu deveria lembrá-la das mortes dos outros Césares, cuja sorte pareceu-me às vezes ultrajar de forma que até mesmo por suas mortes pudessem ser úteis à humanidade, provando que nem mesmo eles, embora fossem chamados de "filhos de deuses" e "pais de deuses vindouros", podiam exercer o mesmo poder sobre suas próprias sortes que sobre as de outros? O imperador Augusto perdeu seus filhos e netos e, após a extinção da família de César, teve que adotar um filho para manter sua casa vazia. No entanto, ele suportou suas perdas com bravura, como se já estivesse pessoalmente envolvido na honra dos deuses e como se fosse especialmente de seu interesse que ninguém reclamasse da injustiça dos Céus. Tibério César perdeu tanto o filho que gerou quanto o filho que adotou, mas ele próprio pronunciou um panegírico sobre seu filho na Rostra e permaneceu à vista do corpo, que tinha apenas uma cortina de um lado para evitar que os olhos do sumo sacerdote repousassem sobre o corpo morto, e não mudou de expressão, embora todos os romanos chorassem. Ele deu a Sejano, que estava ao seu lado, uma prova de como podia suportar pacientemente a perda de seus parentes. Você não vê quantos homens mais eminentes existiram, e nenhum deles foi poupado por esta praga que nos prostra a todos: homens, também adornados com toda a graça de caráter e distinção que a vida pública ou privada pode conferir. Parece que esta praga se move em uma órbita regular e espalha a ruína e a desolação entre todos nós sem distinção de pessoas, todos sendo igualmente suas presas. Peça a qualquer número de indivíduos que lhe conte a história de suas vidas: você descobrirá que todos pagaram algum preço por terem nascido.

XVI. Eu sei o que você vai dizer: "Você cita homens como exemplos: você esquece que está tentando consolar uma mulher". No entanto, quem diria que a natureza tratou com avareza a mente das mulheres e atrofiou suas virtudes? Acredite em mim, elas têm o mesmo poder intelectual dos homens e a mesma capacidade para ações honrosas e generosas. Se treinadas para isso, são igualmente capazes de suportar tristeza ou trabalho. Pelos deuses, eu digo isso naquela mesma cidade em que Lucrécia e Bruto retiraram o jugo dos reis dos romanos? Devemos a liberdade a Bruto, mas devemos Bruto a Lucrécia — na qual Cloélia, pelo sublime valor com o qual desprezou o inimigo e o rio, quase foi considerada como um homem. A estátua de Cloélia, montada a cavalo, na movimentada Via Sacra, reprova constantemente a juventude de hoje, que nunca monta nada além de um assento acolchoado em uma carruagem, viajando dessa maneira por aquela mesma cidade em que até mesmo mulheres foram incorporadas em nossos cavaleiros. Se você deseja que eu lhe aponte exemplos de mulheres que suportaram corajosamente a perda de seus filhos, não precisarei procurar por muito tempo: em uma família posso citar duas Cornélias, uma filha de Cipião e mãe dos Gracos, que fez reconhecimento pelo nascimento de seus doze filhos ao enterrá-los a todos: não foi tão difícil de fazer isso no caso dos outros, cujo nascimento e morte eram desconhecidos pelo público, mas ela viu os cadáveres assassinados e não enterrados de ambos Tibério Graco e Caio Graco, que até mesmo aqueles que não os chamam de bons devem admitir que eram grandes homens. No entanto, para aqueles que tentaram consolá-la e chamaram-na de infeliz, ela respondeu: "Nunca deixarei de me considerar feliz, porque sou mãe dos Gracos." Cornélia, esposa de Lívio Druso, perdeu pelas mãos de um assassino desconhecido um filho jovem de grande destaque, que seguia os passos dos Gracos e foi assassinado em sua própria casa quando tinha tantos projetos de lei em processo de aprovação. No entanto, ela suportou a morte prematura e não vingada de seu filho com o mesmo espírito elevado que ele havia demonstrado ao promulgar suas leis. Você não vai perdoar a Fortuna, Márcia, porque ela não se absteve de atingi-la com as setas com as quais atingiu os Cipiões e as mães e filhas dos Cipiões, e com as quais atacou os próprios Césares? A vida está cheia de infortúnios; nosso caminho é cercado por eles: ninguém pode fazer uma paz duradoura, nem mesmo um armistício com a sorte. Você, Márcia, teve quatro filhos: agora dizem que nenhum dardo lançado em um batalhão cerrado de soldados pode deixar de atingir um deles — você deveria, então, se surpreender por não ter seguido com tal companhia sem despertar a inimizade da Fortuna ou sofrer perdas por suas mãos? "Mas", você diz, "a Fortuna me tratou injustamente, pois não apenas me privou do meu filho, mas escolheu meu mais amado para me privar". No entanto, você nunca pode dizer que foi prejudicada se dividir as apostas igualmente com um adversário mais forte que você: a Fortuna deixou a você duas filhas e seus filhos: e ela nem levou completamente aquele pelo qual você agora lamenta, esquecendo-se de seu irmão mais velho: você tem duas filhas com ele, que, se você não as apoiar bem, se tornarão grandes fardos, mas, se cuidadas adequadamente, serão grandes confortos para você. Você deve se convencer, ao vê-las, de deixá-las lembrá-la de seu filho, e não de sua tristeza. Quando as árvores de um agricultor são arrancadas, raízes e tudo, pelo vento, ou quebradas pela força de um furacão, ele cuida do que resta de sua plantação, planta imediatamente sementes ou estacas no lugar daquelas que perdeu e, em um instante — pois o tempo é tão rápido em reparar perdas quanto em causá-las — árvores mais exuberantes das que estavam lá antes estão crescendo. Portanto, tome, no lugar do seu Metílio, essas suas duas filhas, e com a dupla consolação delas, alivie a sua única tristeza. É verdade, a natureza humana é tão constituída que não ama nada tanto quanto o que perdeu, e nosso anseio por aqueles que nos foram tirados nos faz julgar injustamente aqueles que nos foram deixados. No entanto, se você escolher calcular o quão misericordiosa a Fortuna foi com você, mesmo em sua raiva, você sentirá que tem mais do que o suficiente para consolá-la. Olhe para todos os seus netos e suas duas filhas, e diga também, Márcia: "Eu realmente ficaria abatida se a sorte de todos seguisse seus méritos e se nenhum mal atingisse os bons: mas, como é, percebo que nenhuma distinção é feita, e que tanto os maus quanto os bons são igualmente afligidos".

XVII. "Ainda assim, é triste perder um jovem que você criou, justo quando ele estava se tornando uma defesa e um orgulho tanto para sua mãe quanto para seu país." Ninguém nega que seja triste, mas é o destino comum dos mortais. Você nasceu para perder outros, ser perdida, esperar, temer,

CONSOLAÇÕES À MÁRCIA

destruir sua própria paz e a dos outros, temer e ainda ansiar pela morte, e, o pior de tudo, nunca saber qual é a sua verdadeira posição. Se você estivesse prestes a viajar para Siracusa e alguém dissesse: "Aprenda de antemão todos os desconfortos e prazeres de sua próxima viagem e, em seguida, levante âncora. As vistas que você desfrutará serão as seguintes: primeiro, você verá a própria ilha, agora separada da Itália por um estreito, mas sabemos que já fez parte do continente. O mar abriu caminho de repente e...

"Separou a Sicília da costa oeste." [15]

Em seguida, você poderá velejar próximo a Caríbdis, sobre a qual os poetas cantaram, e verá o vórtice mais ávido, completamente calmo se nenhum vento sul estiver soprando, mas sempre que houver um vendaval vindo dessa direção, sugará navios para um abismo enorme e profundo. Você verá a fonte de Aretusa, tão famosa em canções, com suas águas claras e translúcidas até o fundo, jorrando um riacho gelado que encontra no local ou que, então, mergulha no subsolo, transportando-o como um rio separado sob tantos mares, livre de qualquer mistura de água menos pura, e o traz de volta à superfície. Você verá um porto que é o mais abrigado de todos os outros no mundo, sejam eles naturais ou aprimorados pela arte humana para proteção de embarcações; tão seguro que nem as tempestades mais violentas conseguem perturbá-lo. Você verá o lugar onde o poder de Atenas foi quebrado, onde essa prisão natural, esculpida entre precipícios de pedra, recebeu milhares de cativos: você verá a grande cidade em si, ocupando um espaço mais am-

---

15 NOTA DE AUBREY STEWART — Virg. *Eneida*. III. 418.

plo do que muitas capitais, um refúgio extremamente quente no inverno, onde não passa um único dia sem sol: mas quando você tiver observado tudo isso, lembre-se de que as vantagens de seu clima no inverno são contrabalançadas por um verão quente e pestilento: que aqui estará o tirano Dionísio, o destruidor da liberdade, da justiça e da lei, ávido por poder mesmo depois de conversar com Platão e pela vida mesmo depois de ser exilado; que ele queimará alguns, açoitará outros e decapitará outros por delitos leves; que ele exercerá sua luxúria em ambos os sexos... Você agora ouviu tudo o que pode atraí-lo para lá, bem como tudo o que pode desencorajá-lo de ir: então, agora, ou parta ou fique em casa!" Se, depois dessa declaração, alguém dissesse que deseja ir para Siracusa, ele não poderia culpar ninguém além de si mesmo pelo que lhe acontecer lá, porque não tropeçaria lá sem saber, mas teria ido lá ciente do que o aguardava. Para todos, a Natureza diz: "Não engano ninguém. Se você escolher ter filhos, eles podem ser bonitos ou deformados; talvez nasçam mudos. Um deles talvez se torne o salvador de seu país, ou talvez seu traidor. Não precisa desesperar que sejam elevados a tal honra que, por causa deles, ninguém ouse falar mal de você; no entanto, lembre-se de que eles podem alcançar um nível de infâmia tal que se tornem maldições para você. Nada impede que desempenhem os últimos deveres para com você, e seu panegírico seja proferido por seus filhos; mas esteja preparado para colocar um filho, seja menino, homem ou idoso, na pira funerária, porque os anos nada têm a ver com o assunto, uma vez que todo tipo de funeral em que um pai enterra seu filho deve ser igualmente prematuro. Se você ainda escolher criar filhos, depois de eu ter explicado

CONSOLAÇÕES À MÁRCIA

essas condições, você se torna incapaz de culpar os deuses, pois eles nunca garantiram nada a você."

XVIII. Você pode fazer esta comparação se aplicar a toda a sua entrada na vida. Eu já expliquei a você quais seriam as atrações e quais seriam os inconvenientes se você estivesse pensando em ir para Siracusa: agora suponha que eu viesse e lhe desse conselhos quando você estivesse prestes a nascer. "Você está prestes", eu diria, "a entrar em uma cidade da qual tanto deuses quanto homens são cidadãos, uma cidade que contém todo o universo, que está sujeita a leis irrevogáveis e eternas, e onde os corpos celestes seguem seus incansáveis cursos: você verá nela inúmeras estrelas cintilantes e o Sol, cuja única luz permeia todos os lugares, que com seu curso diário marca os momentos do dia e da noite e, com seu curso anual, faz uma divisão mais igual entre o verão e o inverno. Você verá seu lugar tomado à noite pela Lua, que, em seus encontros com seu irmão, empresta uma luz suave e mais fraca, e que às vezes fica invisível, outras vezes pende cheia sobre a Terra, sempre crescendo e minguando, cada fase diferente da anterior. Você verá cinco estrelas, movendo-se na direção oposta às outras, enfrentando o redemoinho dos céus em direção ao Oeste: nos movimentos mais sutis destas estrelas dependem as sortes das nações, e de acordo com o aspecto dos planetas ser propício ou maligno, os maiores impérios surgem e caem: você verá com admiração as nuvens que se formam acima, as chuvas que caem, o relâmpago ziguezagueando, o choque dos céus. Quando, saciado pelas maravilhas acima, você voltar os olhos para a terra, eles encontrarão objetos de aspecto diferente, mas igualmente admiráveis: de um lado, uma vasta extensão de planícies abertas, de outro, os picos altos de montanhas cobertas de neve; o curso descendente de rios, alguns correndo para o leste, outros para o oeste a partir da mesma fonte; as florestas que balançam até mesmo no topo das montanhas, as vastas matas com todas as criaturas que nelas habitam e a harmonia confusa dos pássaros; as cidades dispostas de várias maneiras, as nações que obstáculos naturais mantêm isoladas do mundo, algumas das quais se retiram para montanhas elevadas, enquanto outras habitam com medo nas margens inclinadas dos rios; as colheitas que são auxiliadas pelo cultivo e as árvores que dão frutos mesmo sem esta ação; os rios que fluem suavemente pelos prados, as belas baías e praias que se curvam para dentro para formar portos; as inúmeras ilhas espalhadas pelo mar, que quebram e enfeitam as águas. E quanto à riqueza de pedras e gemas, o ouro que rola entre as areias de rios impetuosos, o fogo nascido no meio da terra e até do meio do mar; o próprio oceano, que une terra a terra, dividindo as nações por suas três entradas e ferve com grande fúria? Nadando em suas ondas, fazendo-as agitadas e grandiosas sem o vento, você verá animais maiores do que aqueles que pertencem à terra, alguns desajeitados e requerendo que outros guiem seus movimentos, alguns rápidos e se movendo mais rapidamente do que os esforços mais intensos de remadores, alguns que bebem a água e a expiram novamente para grande perigo daqueles que navegam perto deles: você verá navios em busca de terras desconhecidas: você verá que a audácia do homem não deixa nada não tentado, e você mesmo será testemunha e participante de grandes tentativas. Você aprenderá e ensinará as artes pelas quais a vida dos homens é provida, adornada e governada: mas neste mesmo

CONSOLAÇÕES À MÁRCIA

lugar haverá mil pestilências fatais para o corpo e a mente, haverá guerras e assaltos nas estradas, envenenamentos e naufrágios, extremos de clima e excessos do corpo, pesares prematuros por nossos entes mais queridos e a morte para nós mesmos, dos quais não podemos dizer se será fácil ou por tortura pelas mãos do carrasco. Agora considere e pese cuidadosamente em sua própria mente o que você escolheria. Se você deseja desfrutar dessas bênçãos, deve passar por essas dores. Você responde que escolhe viver? 'Claro.' Não, eu não imaginei que você entraria naquilo do qual a menor diminuição causa dor. Portanto, viva, como foi acordado. Você diz: "Ninguém perguntou minha opinião". A opinião de nossos pais foi consultada sobre nós, quando, sabendo quais são as condições da vida, eles nos trouxeram para ela.

XIX. Mas, para abordar tópicos de consolação, em primeiro lugar, considere, se preferir, a que nossos remédios devem ser aplicados e, em seguida, de que maneira. É o pesar pela ausência da pessoa amada que faz com que um enlutado sofra: no entanto, é claro que, em si, isso é suportável o suficiente; pois não choramos por sua ausência ou por sua intenção de estar ausente durante a vida deles, embora, quando eles saem de nossa vista, não tenhamos mais prazer neles. O que nos tortura, portanto, é uma ideia. Agora, todo mal é tão grande quanto o consideramos: portanto, temos o remédio em nossas próprias mãos. Vamos supor que eles estão em uma jornada e vamos nos enganar: mandamo-los embora ou, melhor dizendo, enviamo-nos adiante para um lugar aonde logo os seguiremos[16]. Além disso, os enlutados costumam sofrer com o pensamento: "Não terei ninguém para me proteger, ninguém para me vingar quando for desprezado." Para usar um modo de consolação bem vergonhoso, mas muito verdadeiro, posso dizer que em nosso país a perda de filhos confere mais influência do que tira, e a solidão, que costumava levar os idosos à ruína, agora os torna tão poderosos que alguns idosos fingiram brigar com seus filhos, renegaram seus próprios filhos e se tornaram sem filhos por atitude própria. Eu sei o que você vai dizer: "Minhas próprias perdas não me entristecem." E, de fato, um homem não merece ser consolado se ele sente a morte de seu filho como sentiria a de um escravo, que é capaz de ver qualquer coisa em seu filho além do próprio filho. O que então, Márcia, é que te entristece? É a morte de seu filho ou o fato de que ele não viveu muito? Se for a morte dele, então você deveria sempre ter lamentado, pois você sempre soube que ele morreria. Reflita que os mortos não sofrem males, que todas aquelas histórias que nos fazem temer o mundo inferior são meras fábulas, que aquele que morre não precisa temer a escuridão, não precisa temer prisão, correntes flamejantes, o rio Lete, um tribunal diante do qual ele deve comparecer, e que a Morte é uma liberdade tão completa que ele não precisa temer mais déspotas. Tudo isso é uma fantasia dos poetas, que nos aterrorizaram sem motivo. A Morte é um alívio e um fim para todas as dores: além disso, nossos sofrimentos

---

16 NOTA DE AUBREY STEWART — Lipsius destaca que essa ideia é emprestada do poeta cômico Antífanos. Veja os *Fragmentos Cômicos (Fragmenta Comicorum Graecorum)* de Meineke, p. 3.

CONSOLAÇÕES À MÁRCIA

não podem se estender. Ela nos restaura ao descanso pacífico no qual repousamos antes de nascermos. Se alguém tem pena dos mortos, ele também deve ter pena daqueles que não nasceram. A Morte não é uma coisa boa nem má, porque somente aquilo que é algo pode ser bom ou mau; mas aquilo que não é nada e reduz todas as coisas a nada, não nos entrega nem à boa sorte nem à má, porque o bem e o mal requerem algum material para atuar. A Fortuna não pode se apossar do que a Natureza abandonou, nem um homem pode ser infeliz se ele for nada. Seu filho ultrapassou a fronteira do país onde os homens são forçados a trabalhar; ele alcançou uma paz profunda e eterna. Ele não sente medo da necessidade, não tem ansiedades sobre suas riquezas, não é afligido pelas ânsias que destroem o coração disfarçadas de prazer: ele não conhece a inveja pela prosperidade de outra pessoa, não é esmagado pelo peso de suas próprias; nem seus ouvidos castos são feridos por qualquer obscenidade: ele não é ameaçado por nenhum desastre, seja para sua pátria ou para si mesmo. Ele não fica ansioso, cheio de apreensão, à espera do desfecho dos eventos, colhendo ainda mais incerteza como recompensa: ele finalmente ocupou uma posição da qual nada pode movê-lo, onde nada pode assustá-lo.

XX. Ah, como os homens compreendem tão pouco a sua própria miséria, que não louvam e não aguardam a morte como a maior descoberta da Natureza, seja porque ela cerca a felicidade ou porque afasta a miséria: porque ela põe fim ao cansaço saciado da velhice, abate a juventude em seu florescimento, ainda cheia de esperança de coisas melhores, ou traz de volta a infância antes de atingir as etapas mais difíceis da vida. É o fim de todos os homens, alívio para muitos, desejo de alguns, e nenhum é tratado tão bem quanto aqueles a quem ela chega antes que a peçam. A Morte liberta o escravo, mesmo que seu mestre não o queira, alivia as correntes do cativo: ela conduz para fora da prisão aqueles a quem o poder obstinado proibiu de sair: ela aponta para os exilados, cujas mentes e olhos estão sempre voltados para sua própria terra, que não faz diferença sob que solo de outro povo alguém está. Quando a Fortuna divide injustamente o suas bençãos comuns e entrega um homem a outro, embora tenham nascido com direitos iguais. A Morte os iguala. Depois da Morte, ninguém mais age a pedido de outro; na morte, nenhum homem sofre mais pela sensação de sua baixa posição. Está aberto a todos: foi isso, Márcia, que teu pai desejou: é isso, eu digo, que torna não uma miséria o nascimento, que me permite encarar as ameaças da desgraça sem vacilar, e manter minha mente intacta e capaz de se comandar. Eu tenho um último apelo. Vejo diante de mim cruzes, não todas iguais, mas feitas de maneira diferente por diferentes povos: alguns penduram um homem de cabeça para baixo, outros enfiando uma estaca para cima através de sua virilha, outros esticam seus braços em uma forquilha. Vejo cordas, chicotes e instrumentos de tortura para cada membro e articulação, mas também vejo a Morte. Há inimigos sanguinários, compatriotas dominadores, mas onde eles estão, vejo a Morte também. A escravidão não é sofrida se um homem pode ganhar sua liberdade com um único passo, assim que ficar cansado da servidão. Vida, graças à Morte, eu te considero tão querida. Pense no quanto é uma

CONSOLAÇÕES À MÁRCIA

bênção a morte oportuna, quantos foram prejudicados por viver mais do que deveriam. Se a doença tivesse carregado a glória e o apoio do Império, Gneu Pompeu, em Nápoles, ele teria morrido como o inquestionável líder do povo romano, mas, como aconteceu, um curto espaço de tempo o derrubou de seu pico de fama: ele viu suas legiões massacradas diante de seus olhos: e que triste relíquia daquela batalha, da qual o Senado formou a primeira linha, foi a sobrevivência do general. Ele viu seu algoz egípcio e ofereceu seu corpo, santificado por tantas vitórias, a uma espada de guarda, embora mesmo se não estivesse ferido, ele lamentaria sua segurança, pois o que poderia ser mais infame do que um Pompeu dever sua vida à clemência de um rei? Se Marco Túlio Cícero tivesse caído no momento em que evitou as adagas que Catilina lançou igualmente contra ele e contra seu país, ele poderia ter morrido como o salvador da República que ele havia libertado: se sua morte tivesse ocorrido até mesmo após a de sua filha, ele poderia ter morrido feliz. Ele não teria então visto espadas desembainhadas para o massacre de cidadãos romanos, os bens dos assassinados divididos entre os assassinos, para que os homens pagassem com seu próprio dinheiro o preço de seu próprio sangue, o leilão público dos despojos do cônsul na guerra civil, o público aluguel de assassinato para ser cometido, banditismo, guerra, pilhagem, hordas de Catilinas. Não teria sido uma coisa boa para Marco Catão se o mar o tivesse engolido quando voltava do Chipre após confiscar os bens hereditários do rei, mesmo que aquele dinheiro que ele estava trazendo para pagar os soldados na guerra civil tivesse sido perdido com ele? Certamente ele teria sido capaz de se orgulhar de que ninguém ousaria fazer o mal na presença de Catão: como foi, a extensão de sua vida por muito poucos anos o forçou, que nasceu para a liberdade pessoal e política, a fugir de César e se tornar seguidor de Pompeu. Portanto, a morte prematura não lhe fez mal; na verdade, pôs fim ao poder de qualquer mal de machucá-lo.

XXI. "Mas," você dirá, "ele pereceu cedo demais e prematuramente". Em primeiro lugar, suponha que ele tivesse vivido até a velhice extrema: permita que ele continue vivo até os limites extremos da existência humana: quanto tempo seria, afinal? Nascidos para um período de vida muito breve, consideramos esta vida como uma pousada da qual em breve partiremos, a fim de que ela seja preparada para o próximo hóspede. Falo de nossas vidas, que sabemos que passam incrivelmente rápido? Some os séculos das cidades: você verá que mesmo aquelas que se orgulham de sua antiguidade não existem por muito tempo. Todas as obras humanas são breves e passageiras; elas ocupam uma parte ínfima do tempo infinito. Quando comparadas ao padrão do universo, consideramos esta nossa Terra, com todas as suas cidades, nações, rios e litorais, como um mero ponto: nossa vida ocupa menos do que um ponto quando comparada a todo o tempo, cuja medida excede a do mundo, pois, de fato, o mundo está contido várias vezes no tempo. Portanto, qual importância pode haver em prolongar algo que, não importa o quanto você acrescente, nunca será muito mais do que nada? A única maneira de tornar nossas vidas longas é por um único meio, ou seja, estando satisfeitos com a sua duração: você pode me falar de homens longevos, cuja longevidade tem sido celebrada pela tradição, você pode atribuir a eles cento

CONSOLAÇÕES À MÁRCIA

e dez anos cada: no entanto, quando você permite que sua mente conceba a ideia de eternidade, não haverá diferença entre a vida mais curta e a mais longa, se você comparar o tempo durante o qual alguém esteve vivo com o tempo durante o qual ele não esteve vivo. Além disso, quando ele morreu, sua vida estava completa: ele havia vivido tanto quanto precisava. Nem todos os homens envelhecem na mesma idade, nem todos os animais: alguns são esgotados pela vida aos catorze anos, e o que é apenas a primeira etapa da vida para o homem é o limite extremo de longevidade para eles. Para cada homem, um comprimento variado de dias foi atribuído: ninguém morre antes de seu tempo, porque não estava destinado a viver mais do que viveu. O fim de todos está fixo e sempre permanecerá onde foi colocado: nem o trabalho árduo, nem os benefícios o farão avançar mais um passo. Acredite, então, que você o perdeu por conselho: "Ele tomou tudo o que era dele mesmo, e alcançou o objetivo designado para sua vida."

Portanto, não precisa se sobrecarregar com o pensamento de "ele poderia ter vivido mais tempo". Sua vida não foi encurtada, e o acaso nunca encurta nossos anos: cada homem recebe tanto quanto lhe foi prometido. As Parcas seguem seu próprio caminho e nem acrescentam nada nem tiram nada do que prometeram uma vez. Orações e esforços são todos em vão: cada homem terá tanto tempo de vida quanto o primeiro dia creditou a ele: desde o momento em que viu a luz, ele entrou no caminho que leva à morte e se aproxima de seu destino: aqueles mesmos anos que foram adicionados à sua juventude foram subtraídos de sua vida. Todos nós caímos nesse erro de supor que são apenas os velhos, já em declínio da vida, que estão se aproximando da morte, quando na verdade, nossa primeira infância, nossa juventude, na verdade, todos os momentos da vida levam para lá. As Parcas seguem seu próprio trabalho: elas nos tiram a consciência de nossa morte e, para melhor ocultar sua abordagem, a morte se esconde sob os próprios nomes que damos à vida: a infância se transforma em adolescência, a maturidade engole a adolescência, a velhice ao homem; essas fases em si mesmas, se você as somar corretamente, são muitas perdas.

XXII. Você se queixa, Márcia, que seu filho não viveu tanto quanto poderia ter vivido? Como você sabe se teria sido vantajoso para ele viver mais? Se o interesse dele não foi servido por essa morte? Quem você pode encontrar, nos dias de hoje, cujas sortes estejam baseadas em fundamentos tão seguros que não tenham nada a temer no futuro? Todos os assuntos humanos são efêmeros e perecíveis, e nenhuma parte de nossa vida é tão frágil e suscetível a acidentes quanto aquela que especialmente desfrutamos. Portanto, devemos orar pela morte quando nossa sorte está no auge, porque a incerteza e a agitação em que vivemos são tão grandes que só podemos ter certeza do que já passou. Pense na aparência bonita de seu filho, que você guardou em perfeita pureza, apesar de todas as tentações de uma capital voluptuosa. Quem poderia garantir que ele permaneceria livre de doenças, de modo a preservar sua beleza intacta até a velhice? Pense nas muitas impurezas da mente, pois disposições nobres nem sempre continuam até o fim da vida a cumprir a promessa da juventude, muitas vezes se quebram: seja a extravagância, ainda mais vergonhosa quando indulgente na velhice, toma posse dos homens e faz com que suas vidas

CONSOLAÇÕES À MÁRCIA

bem iniciadas terminem em desonra, ou eles dedicam todos os seus pensamentos ao prazer da comida e da bebida, interessando-se apenas pelo que comerão e beberão. Some-se a isso incêndios, casas desabando, naufrágios, as agonizantes operações de cirurgiões, que cortam pedaços de ossos dos corpos vivos das pessoas, mergulham as mãos em suas entranhas e infligem mais de um tipo de dor para curar doenças vergonhosas. Após essas adversidades vem o exílio; seu filho não era mais inocente do que Rutilius: a prisão; ele não era mais sábio do que Sócrates: a perfuração do peito com uma ferida autoinfligida; ele não levava uma vida mais santa do que Catão. Quando você olha esses exemplos, perceberá que a natureza lida muito gentilmente com aqueles que ela coloca rapidamente em um lugar seguro, porque lá os aguardava o pagamento de um preço como esse por suas vidas. Nada é tão enganoso, nada é tão traiçoeiro quanto a vida humana; por Hércules, se não fosse dada aos homens antes que pudessem formar uma opinião, ninguém a aceitaria. Não nascer, portanto, é a sorte mais feliz de todas, e o mais próximo disso, eu imagino, é que logo encerremos nossas lutas aqui e sejamos restaurados à nossa antiga paz. Lembre-se daquele tempo, tão doloroso para você, durante o qual Sejano entregou seu pai como um presente ao seu cliente Satrius Secundus: Sejano estava zangado com ele por algum motivo que havia dito com grande liberdade, porque ele não conseguiu ficar calado e ver Sejano subindo para ocupar seu lugar sobre nossos pescoços, o que já teria sido ruim o suficiente se ele tivesse sido colocado lá por seu mestre. Ele foi agraciado com a honra de uma estátua, a ser erguida no teatro de Pompeu, que havia sido incendiado e estava sendo restaurado por César. Cordo exclamou que "Agora o teatro estava realmente destruído". O que ele deveria fazer, então? Deveria ele não ficar furioso com a ideia de um monumento a Sejano erguido sobre as cinzas de Gnaeus Pompeius, com um soldado infiel sendo comemorado no memorial de um comandante consumado? A inscrição foi afixada[17]: e os cães de faro aguçado, aos quais Sejano costumava alimentar com sangue humano, para torná-los dóceis em relação a ele e ferozes em relação ao mundo, começaram a ladrar ao redor de sua vítima e até mesmo a tentar avançar prematuramente sobre ele. O que ele poderia fazer? Se escolhesse viver, precisaria obter o consentimento de Sejano; se optasse por morrer, precisaria obter o consentimento de sua filha, e nenhum deles poderia ser persuadido a concedê-lo. Portanto, ele decidiu enganar sua filha e, após tomar um banho para enfraquecer-se ainda mais, retirou-se para seu quarto sob o pretexto de fazer uma refeição lá. Após dispensar seus escravos, ele jogou parte da comida pela janela, para parecer que a tinha comido; então, não jantou, alegando que já havia comido o suficiente em seu quarto. Ele continuou fazendo isso no segundo e no terceiro dia; o quarto dia denunciou sua condição por sua fraqueza corporal. Então, a abraçando, ele disse: "Minha querida filha, a você eu nunca escondi nada em toda a sua vida, exceto isso. Comecei minha jornada em direção à morte e já viajei metade do caminho até lá. Você não pode e não deve me chamar de volta." Dizendo isso, ele ordenou que toda a luz fosse excluída do quarto e se fechou na escuridão. Quando sua

---

17 NOTA DE AUBREY STEWART — Eu acredito que este seja o significado do texto, mas Koch razoavelmente conjectura que a leitura correta seja "*editur subscriptio*", que significa "uma acusação foi feita contra ele". Consulte *Sobre os Benefícios*, III. 26.

CONSOLAÇÕES À MÁRCIA

determinação se tornou conhecida, houve um sentimento geral de satisfação por ter escapado das mandíbulas desses lobos vorazes. Seus acusadores, seguindo o exemplo de Sejano, foram ao tribunal dos cônsules, reclamaram que Cordo estava morrendo e pediram aos cônsules que intercedessem para impedir que ele fizesse o que eles mesmos o haviam forçado a fazer. Tão verdadeiro era que Cordo parecia estar escapando deles: uma questão importante estava em jogo, ou seja, se o acusado perderia o direito de morrer. Enquanto esse ponto estava sendo debatido e os acusadores estavam indo para comparecer ao tribunal pela segunda vez, ele havia se libertado deles. Você vê, Márcia, como os dias ruins vêm repentinamente sobre alguém? E você chora porque alguém de sua família não pôde evitar a morte? Ninguém de sua família poderia estar menos propenso à morte.

XXIII. Além do fato de que tudo o que é futuro é incerto, e a única certeza é que é mais provável que dê errado do que certo, nossos espíritos encontram o caminho rumo aos Deuses mais facilmente quando logo lhes é permitido deixar a sociedade dos mortais, porque, nesse momento, eles contraíram menos impurezas para os arrastar. Se libertos antes de se tornarem mundanos endurecidos, antes que as coisas terrenas tenham penetrado muito fundo neles, voam de volta ao local de onde vieram com maior leveza e lavam mais facilmente as manchas e as impurezas que possam ter contraído. As grandes mentes não gostam de permanecer muito tempo no corpo: desejam romper suas amarras e escapar dele, se irritam com a estreiteza de sua prisão, pois estavam acostumadas a vaguear pelo espaço e, de cima no alto do ar, a olhar com desprezo para os problemas humanos. Daí que

Platão declara que a mente do sábio está inteiramente entregue à morte, anseia por ela, a contempla e, por sua ânsia, está sempre se esforçando por alcançar coisas que vão além desta vida. Por que, Márcia, quando você o viu, ainda jovem, demonstrando a sabedoria da idade, com uma mente capaz de superar todos os prazeres sensuais, imaculada e sem manchas, capaz de adquirir riquezas sem avidez, cargos públicos sem ambição, prazeres sem extravagância, você achou que seria seu destino mantê-lo a salvo ao seu lado por muito tempo? Tudo o que atingiu a perfeição está maduro para a dissolução. A virtude consumada some-se e se retira de nossa vista, e aquilo que amadurece na primeira etapa de sua existência não espera pela última. Quanto mais intensamente uma chama brilha, mais rapidamente se apaga: ela dura mais quando é alimentada com combustível ruim e queima lentamente, e emite uma luz fraca através de uma nuvem de fumaça: ser mal alimentada a faz persistir por mais tempo. Da mesma forma, quanto mais brilhantes as mentes das pessoas, mais curtas são suas vidas: quando não há mais espaço para crescimento, o fim está próximo. Fabiano nos conta, o que nossos pais também viram, que havia em Roma um rapaz de estatura gigantesca, superior à de um homem: mas ele morreu logo e todas as pessoas sensatas sempre diziam que ele morreria em breve, pois não poderia viver até a idade que ele havia presumido antes de seu tempo. É assim: a maturidade excessiva é prova de que a destruição está próxima, e o fim se aproxima quando o crescimento termina.

XXIV. Comece a calcular a idade dele, não pelos anos, mas pelas virtudes: ele viveu o suficiente. Ficou sob a tutela de guardiões até os quatorze anos e nunca saiu do cuidado de sua mãe. Quando finalmente tinha sua própria casa, relu-

CONSOLAÇÕES À MÁRCIA

tou em sair da sua e continuou a viver sob o mesmo teto que você, apesar de poucos filhos suportarem depender dos pais. Embora fosse um jovem cuja estatura, beleza e vigor corporal o destinavam ao exército, ele recusou o serviço para não ser separado de você.

Pense, Márcia, em quantas mães que vivem em casas separadas veem seus filhos raramente. Considere como elas perdem anos em ansiedade enquanto têm filhos no exército. Verá que o tempo que vocês compartilharam, durante o qual não se separaram, foi de considerável extensão. Ele nunca saiu de sua vista. Foi diante dos seus olhos que ele desenvolveu sua notável inteligência, que rivalizaria com a de seu avô, não fosse pela timidez, que ocultou muitos talentos. Apesar de sua rara beleza e da multidão de mulheres que se dedicava a seduzir homens, ele não cedeu aos desejos de nenhuma delas. Mesmo quando algumas demonstraram ousadia a ponto de tentá-lo, ele corou profundamente por ter encontrado favor aos olhos delas, como se fosse culpado. Com sua vida virtuosa, ele fez-se digno do sacerdócio enquanto ainda era um rapaz, algo que deve em grande parte à influência de sua mãe. No entanto, a influência da mãe não teria peso se o candidato em questão não fosse adequado ao cargo. Reflita sobre essas virtudes e cuide do seu filho como se ele ainda estivesse em seu colo. Agora ele está mais disponível para retribuir seus carinhos, sem nada que o afaste de você, e jamais será uma fonte de ansiedade ou tristeza.

Você já se afligiu pela única tristeza que um filho tão bom poderia lhe causar. Todo o resto está fora do alcance da sorte para prejudicar, e cheio de prazer, desde que você saiba como aproveitar o seu filho e entenda qual era sua qualidade mais preciosa. Apenas a aparência externa do seu filho pereceu, a semelhança dele, e nem era das melhores. Ele mesmo é imortal e agora está em um estado muito melhor, libertado do fardo de tudo o que não lhe pertencia e deixado apenas consigo mesmo. Todo esse aparato que vemos ao nosso redor, ossos, músculos, pele, rosto, mãos e todo o resto que compõe nosso ambiente, são como correntes e trevas para a alma. Eles a oprimem, sufocam, corrompem, a enchem de ideias falsas e a mantêm afastada de sua verdadeira esfera. A alma luta constantemente contra o fardo da carne, para não ser arrastada e submergida por ele. Ela sempre se esforça para elevar-se novamente ao lugar de onde foi enviada à Terra. Lá a aguarda o descanso eterno, onde ela verá o que é puro e claro, em vez do que é impuro e turvo.

XXV. Portanto, não é necessário que você se apresse para o local de sepultamento de seu filho. O que repousa lá é apenas a pior parte dele e aquilo que lhe causou mais problemas, são apenas ossos e cinzas, que não fazem mais parte dele do que roupas ou outras coberturas de seu corpo. Ele está completo e, sem deixar nenhuma parte de si na Terra, ele alçou voo e partiu completamente. Ele permaneceu por um curto espaço de tempo acima de nós, enquanto sua alma estava sendo purificada das fraquezas e impurezas que toda vida mortal inevitavelmente contrai, e a partir daí ele se elevará aos céus e se juntará às almas abençoadas.

Lá, uma companhia santa o receberá — Cipiões e Catões; e entre os demais que valorizaram a vida de maneira desapegada e se libertaram graças à morte, embora todos sejam parentes,

CONSOLAÇÕES À MÁRCIA

seu pai, Márcia, abraçará seu neto enquanto ele se alegra na luz incomum. Ele lhe ensinará o movimento das estrelas que estão tão próximas deles e o introduzirá com alegria em todos os segredos da natureza, não por mero palpite, mas por conhecimento real. Assim como um estranho é grato a quem o orienta em uma cidade desconhecida, assim é um pesquisador das causas do que vê nos céus a um parente que pode explicá-las. Ele se deliciará em olhar profundamente para a Terra, pois é um deleite observar de cima o que foi deixado para trás.

Portanto, comporte-se, Márcia, como se estivesse diante dos olhos de seu pai e de seu filho, mas não como você os conhecia, mas como seres muito mais elevados, colocados em uma esfera superior. Portanto, envergonhe-se de fazer qualquer ação vil ou comum, ou de chorar por seus parentes que mudaram para melhor. Livres para percorrer os vastos e ilimitados domínios do universo sempre vivo, eles não são impedidos em sua jornada por mares que se interpõem, montanhas elevadas, vales intransponíveis ou as planícies traiçoeiras de Sirtes. Eles encontram um caminho nivelado em todos os lugares, são ágeis e prontos de movimento, e, por sua vez, são penetrados pelas estrelas e habitam juntos delas.

XXVI. Imagine, então, Márcia, que seu pai, cuja influência sobre você era tão grande quanto a sua sobre seu filho, não mais está naquele estado de espírito em que lamentava as guerras civis, ou em que para sempre condenou aqueles que o teriam condenado, mas em um humor tão mais alegre, da mesma forma que agora seu lar também é mais elevado do que antes, e diz, enquanto olha do alto do céu: "Minha filha, por que essa tristeza te possui por tanto tempo? Por que você vive em tal ignorância da verdade, pensando que seu filho foi tratado injustamente porque retornou aos seus ancestrais em sua plenitude, sem decadência de corpo ou mente, deixando sua família a florescer? Você não sabe com que tempestades a Fortuna desestabiliza tudo? Como ela se mostra gentil e complacente apenas com aqueles que têm o mínimo possível a ver com ela? Preciso lembrá-la de reis que teriam sido os mais felizes dos mortais se a morte os tivesse retirado mais cedo da ruína que se aproximava? Ou de generais romanos, cuja grandeza, se apenas alguns anos tivessem sido tirados de suas vidas, não teria faltado nada para torná--la completa? Ou de homens de maior distinção e nobreza que ofereceram com tranquilidade seus pescoços à lâmina de um soldado? Olhe para seu pai e seu avô: o primeiro caiu nas mãos de um assassino estrangeiro; eu não permiti que ninguém se intrometesse comigo e, pela abstinência de comida, mostrei que meu espírito era tão grandioso quanto meus escritos o representavam. Por que, então, aquele membro de nossa casa que morreu da maneira mais feliz de todas deve ser chorado por mais tempo? Todos nós nos reunimos, e, não estando imersos em completa escuridão, vemos que não há nada a ser desejado na Terra com você, nada grandioso ou magnífico, mas tudo é medíocre, triste, ansioso e dificilmente recebe uma parte fracional da clara luz em que habitamos. Não preciso dizer que aqui não há arremetidas enlouquecidas de exércitos rivais, frotas se destruindo mutuamente, parricídios, sejam dolosos ou culposos, tribunais onde as pessoas tagarelam sobre processos durante dias a fio; aqui nada é sub-reptício, todos os corações e mentes es-

CONSOLAÇÕES À MÁRCIA

tão abertos e desvelados, nossa vida é pública e conhecida por todos, e temos uma visão de todo o tempo e das coisas vindouras. Costumava me alegrar em compilar a história do que aconteceu em um século entre um punhado de pessoas no mais remoto canto do mundo. Aqui desfruto do espetáculo de todos os séculos, de toda a cadeia de eventos de era em era, desde que existem anos. Posso ver reinos surgirem e caírem, contemplar a ruína de cidades e os novos caminhos feitos pelo mar. Se servir como consolo em seu luto saber que é o destino comum a todos, esteja certa de que nada continuará a permanecer no lugar em que está agora, mas que o tempo derrubará tudo e o levará consigo. Brincará não apenas com os homens, pois quão pequena é a parte deles no domínio da Fortuna?— Mas com regiões, províncias, cantos do mundo; ela apagará montanhas inteiras e em outros lugares empilhará novas rochas no alto; secará mares, mudará o curso dos rios, destruirá o contato de nação com nação e quebrará a comunhão e a fraternidade da raça humana; em outras regiões, ela engolirá cidades ao abrir vastos abismos na terra, as sacudirá com terremotos, exalará pestilência do submundo, cobrirá todo o solo habitável com inundações e destruirá toda criatura no mundo alagado, ou queimará todos os mortais em um imenso incêndio. Quando vier o momento de o mundo chegar ao fim, para que possa começar sua vida novamente, todas as forças da natureza perecerão em conflito umas com as outras, as estrelas serão arremessadas umas contra as outras, e todas as luzes que agora brilham em ordem regular em várias partes do céu então arderão em um único fogo com todo o seu combustível queimando de uma só vez. Então nós também, as almas abençoadas e herdeiras da vida eterna, sempre que Deus achar adequado reconstruir o universo, quando todas as coisas se acomodarem novamente, nós também, sendo um pequeno acessório da ruína universal, seremos transformados em nossos velhos elementos. Feliz é o seu filho, Márcia, por já saber disso."

DA CONSOLAÇÃO

O DÉCIMO PRIMEIRO LIVRO DOS DIÁLOGOS

DE L. ANNAEUS SÊNECA, ENDEREÇADO À SUA MÃE, HÉLVIA

I. Minha melhor das mães, muitas vezes senti o desejo de consolá-la, mas tantas vezes reprimi esse impulso. Várias coisas me instigaram a tentar: em primeiro lugar, pensei que, mesmo que eu não pudesse conter suas lágrimas, se pudesse, ao menos, enxugá-las, me libertaria de todas as minhas próprias tristezas. Além disso, tinha a certeza de que eu teria mais autoridade para despertá-la de seu pesar se eu tivesse, em primeiro lugar, superado o meu próprio. Temia também que a Fortuna, embora derrotada por mim, pudesse ainda assim superar alguém da minha família. Tentei, portanto, me arrastar e curar suas feridas da melhor maneira que pude, enquanto segurava minha mão sobre minha própria ferida. Mas, novamente, outras considerações surgiram que me contiveram: eu sabia que não deveria confrontar seu luto durante seus primeiros impulsos, para que minhas tentativas de consolação não irritassem, ou mesmo acirrassem sua dor. Afinal, em doenças, não há nada mais prejudicial do que medicamentos aplicados muito cedo. Esperei, portanto, até que a dor se esgotasse por sua própria violência e enfraquecesse com o tempo, de modo que estivesse disposta a permitir ser tratada e tocada. Além disso, enquanto revirava todas as obras que os maiores gênios compuseram com o propósito de acalmar a dor, não consegui encontrar nenhum exemplo de alguém que tenha oferecido consolo a seus parentes enquanto ele mesmo estava sendo lamentado por eles. Assim, a questão sendo nova, hesitei e temi que, em vez de consolar, eu poderia amargar seu pesar. Também considerei que um homem que acabara de erguer a cabeça após enterrar seu filho e que desejava consolar seus amigos teria de usar novas frases, que não fossem retiradas de nos-

CONSOLAÇÕES À HÉLVIA

sas palavras comuns de conforto do dia a dia, pois toda dor de magnitude excepcional inevitavelmente impede a escolha de palavras, já que muitas vezes impede até mesmo o uso da própria voz. Seja como for, farei a tentativa, não confiando em meu próprio gênio, mas porque minha consolação será mais poderosa, já que sou eu que a ofereço. Você nunca me negaria nada, e espero que, embora toda dor seja obstinada, você certamente não me recusará esse pedido, que me permita delimitar sua tristeza.

II. Veja até onde presumi sua indulgência: não tenho dúvidas de que tenho mais poder sobre você do que sua tristeza, da qual nada tem mais poder sobre o infeliz. Para evitar encontrar essa tristeza de frente, começarei apoiando-a e oferecendo a ela todo encorajamento: vou abrir e expor feridas já cicatrizadas. Alguém pode dizer: "Que tipo de consolo é esse, para um homem desenterrar males enterrados e trazer todos os seus pesares diante de uma mente que mal suporta a visão de um?" Mas deixe-o refletir sobre o fato de que doenças tão malignas que apenas reúnem quando tratadas comumente podem muitas vezes ser curadas pelo tratamento oposto: portanto, deixe-me trazer à tona toda a miséria e todo o infortúnio. Isso será um tratamento, não por medidas suaves, mas por cauterização e faca. O que ganharei com isso? Farei com que a mente que pôde superar tantas tristezas se envergonhe de lamentar mais uma ferida em um corpo cheio de cicatrizes. Que aqueles cujas mentes fracas foram enfraquecidas por um longo período de felicidade chorem e lamentem por muitos dias e desmaiem ao receber o menor golpe: mas aqueles cujos anos se passaram no meio de catástrofes devem suportar as perdas mais severas com coragem e paciência inabalável. A desgraça contínua tem uma única vantagem, que acaba tornando insensíveis aqueles que ela está sempre castigando. A má sorte não lhe deu trégua e não deixou nem mesmo seu aniversário livre das tristezas mais amargas: você perdeu sua mãe assim que nasceu, enquanto estava nascendo, e você entrou na vida, como esperado, como um proscrito: você cresceu sob uma madrasta, a quem você fez de mãe com toda a obediência e respeito que até uma filha de verdade poderia ter dado a ela: e mesmo uma boa madrasta custa a todos muito caro. Você perdeu o tio mais afetuoso, um homem corajoso e excelente, no momento em que você estava esperando seu retorno: e, para que a Fortuna não enfraqueça seus golpes dividindo-os, em um mês você perdeu seu amado marido, do qual você se tornou mãe de três filhos. Esta notícia triste foi trazida a você quando já estava de luto, enquanto todos os seus filhos estavam ausentes, de modo que todas as suas desgraças pareciam ter sido trazidas a você de propósito em um momento em que sua tristeza não encontrava nenhum descanso em lugar algum. Deixo de lado todos os perigos e alarmes que você suportou sem trégua: foi outro dia que você abraçou corpos sem vida de três de seus netos junto ao seio, o mesmo lugar em que os nutriu para a vida. Menos de vinte dias depois de ter enterrado meu filho, que pereceu em seus braços e entre seus beijos, você soube que eu tinha sido exilado: era só o que lhe restava para começar a chorar por aqueles que ainda estavam vivos.

III. O último ferimento, eu admito, é o mais severo que você já sofreu: não apenas rasgou a pele, mas a perfurou até o coração: mas como os recrutas gritam alto quando apenas levemente feridos e tremem mais diante do cirurgião do que diante da espada, enquanto os veteranos, mesmo quan-

CONSOLAÇÕES À HÉLVIA

do transpassados, permitem que suas feridas sejam tratadas sem um gemido, tão pacientemente como se estivessem em algum corpo de outra pessoa, agora você deve se oferecer corajosamente para ser curada. Abandone lamentos e choros, e todas as manifestações barulhentas usuais do sofrimento feminino: você não ganhou nada com tantas desgraças, se não aprendeu a sofrer. Agora, parece que eu não poupei você? Não, eu não deixei de lado nenhuma de suas tristezas, mas as coloquei todas juntas diante de você em um monte.

IV. Eu fiz isso como um remédio heroico: porque eu decidi subjugar essa sua tristeza, não apenas limitá-la; e eu a subjugarei, acredito, se, em primeiro lugar, eu puder provar que não estou sofrendo o suficiente para ser chamado de infeliz, sem falar em justificar tornar minha família infeliz; e, em segundo lugar, se eu puder lidar com o seu caso e provar que mesmo a sua desgraça, que recai inteiramente por minha causa, não é severa.

O ponto ao qual me dirigirei primeiro é aquele que você, como mãe, deseja ouvir, quero dizer, que eu não estou sofrendo: se eu puder, vou deixar claro que os eventos pelos quais você acha que estou sobrecarregado não são insuportáveis: se você não pode acreditar nisso, eu, pelo menos, ficarei ainda mais satisfeito comigo mesmo por estar feliz sob circunstâncias que poderiam tornar a maioria dos homens infelizes. Não é necessário acreditar no que os outros dizem sobre mim: para que você não fique confusa quanto ao que pensar, eu digo claramente que não estou infeliz: vou acrescentar, para o seu maior conforto, que não é possível que eu seja feito infeliz.

V. Nascemos em uma posição confortável o suficiente, se não a perdemos depois: o objetivo da Natureza tem sido nos permitir viver bem sem precisar de uma vasta parafernália para fazê-lo: cada homem é capaz de fazer a si mesmo feliz. Circunstâncias externas têm pouca importância, seja para o bem ou para o mal: o sábio não se exalta com a prosperidade nem se abate com a adversidade; pois ele sempre se esforçou para depender principalmente de si mesmo e tirar todas as suas alegrias de si mesmo. Eu, então, me chamo de sábio? Longe disso: porque se eu pudesse me proclamar sábio, não diria apenas que não estou infeliz, mas me declararia o mais afortunado dos homens e quase à altura de um deus: como aconteceu, me juntei à sociedade de sábios, o que basta para aliviar todas as tristezas, e, ainda não sendo capaz de confiar em minha própria força, me refugiei no acampamento de outros, daqueles que podem facilmente se defender, tanto a si mesmos quanto aos seus amigos. Eles me ordenaram sempre ficar como que de guarda e vigiar os ataques e cargas da Fortuna muito antes que ela os faça; ela só é terrível para aqueles a quem ela surpreende desprevenidos; aquele que está sempre à espera de seu ataque o suporta facilmente: da mesma forma que uma invasão do inimigo derruba aqueles que não esperavam, mas aqueles que se prepararam para a guerra iminente antes que ela eclodisse permanecem em suas fileiras totalmente equipados e repelem facilmente o primeiro ataque, que é sempre o mais furioso. Nunca confiei na Fortuna, mesmo quando ela parecia mais pacífica. Aceitei todos os presentes de riqueza, cargos elevados e influência que ela me concedeu com tanta generosidade, de modo que ela pode retirá-los sem me perturbar: mantive uma grande

CONSOLAÇÕES À HÉLVIA

distância entre eles e eu mesmo: e, portanto, ela os levou, não os arrancou dolorosamente de mim. Ninguém perde nada com a expressão fechada da Fortuna a menos que tenha sido enganado por seus sorrisos: aqueles que desfrutaram de sua generosidade como se fosse sua herança para sempre, e que optaram por se adiantar aos outros por causa disso, jazem em tristeza abjeta quando seus deleites irreais e fugazes abandonam suas mentes vazias e infantis, que nada sabem sobre o prazer sólido: mas aquele que não se deixou levar pelo sucesso, não desaba após o fracasso: ele possui uma mente de constância comprovada, superior às influências de ambos os estados; pois mesmo em meio à prosperidade, ele experimentou seu poder de suportar a adversidade. Consequentemente, sempre acreditei que não havia nenhum bem real em nenhuma daquelas coisas que todos os homens desejam: então descobri que eram vazias, apenas pintadas com corantes artificiais e enganosos, sem conter nada em seu interior que corresponda ao seu exterior: agora não encontro nada tão áspero e assustador como a opinião comum da humanidade que me ameaçou nesta que é conhecida como adversidade: a própria palavra, devido à crença predominante e ideias atuais a seu respeito, soa de forma desagradável aos ouvidos e faz os ouvintes sentirem algo triste e maldito, pois assim o vulgo decretou que deveria ser: mas muitos dos decretos do vulgo são revertidos pelos sábios.

VI. Deixando de lado, então, o veredito da maioria, que se deixa levar pela primeira impressão das coisas e pela opinião comum a seu respeito, consideremos o que é realmente o exílio: claramente uma mudança de um lugar para outro. Para não parecer que estou diminuindo a força desse termo e tirando suas partes mais difíceis, devo acrescentar que essa mudança de lugar é acompanhada de pobreza, desgraça e desprezo. Contra essas questões, eu irei lutar mais adiante. Enquanto isso, desejo considerar o que há de desagradável no mero ato de mudar o local de residência.

"É insuportável perder sua terra natal", afirmam as pessoas. Olhe, eu lhe peço, para essas vastas multidões, para as quais todos os inúmeros telhados de Roma mal conseguem encontrar abrigo: a maior parte dessas multidões perdeu sua terra natal: elas vieram para cá de suas cidades natais e colônias, e, em última instância, de todas as partes do mundo. Algumas foram trazidas pela ambição, algumas pelas exigências de cargos públicos, algumas por terem sido incumbidas de embaixadas, algumas pelo luxo que busca um local apropriado, rico em vícios, por sua função, algumas pelo desejo de receber uma educação liberal, outras pelo desejo de ver os espetáculos públicos. Algumas foram trazidas pela amizade, outras pela indústria, que encontra aqui um amplo campo para demonstrar seus poderes. Algumas trouxeram sua beleza para vendê-la, outras sua eloquência: pessoas de todos os tipos se reúnem em Roma, que estabelece um alto preço tanto para virtudes quanto para vícios. Peça que todos sejam convocados para responder a seus nomes e pergunte a cada um de onde ele veio: você descobrirá que a maioria deles deixou suas próprias casas e viajou para uma cidade que, embora grande e bela além de todas as outras, não é, no entanto, a deles.

Então, deixe esta cidade, que pode ser chamada de propriedade comum de todos os homens, e visite todas as outras cidades: não há uma única delas que não contenha uma grande proporção de estrangeiros. Afaste-se daquelas cuja situação agradável e posição conveniente atraem muitos colonos: examine terras selvagens e as ilhas mais acidentadas, como Escíato e Sérifos, Gyaros e Córsega: você não encontrará um lugar de exílio onde alguém não viva por prazer próprio. O que pode ser encontrado mais árido ou inóspito em toda parte do que esta rocha? O que seria menos fértil? O que seria mais estranho em relação aos habitantes? Mais montanhoso em sua configuração? Ou mais rigoroso em seu clima? No entanto, mesmo aqui, há mais estrangeiros do que nativos. Portanto, longe de a mera mudança de local ser tediosa, mesmo este local atraiu alguns para longe de seu país. Encontro alguns escritores que afirmam que a humanidade tem uma coceira natural por mudança de residência e alteração de domicílio: pois a mente do homem é errante e agitada; nunca fica quieta, mas se espalha e envia seus pensamentos por todas as regiões, conhecidas ou desconhecidas; sendo nômade, impaciente com o repouso e amando a novidade acima de tudo. Você não deve se surpreender com isso se refletir sobre sua origem: ela não é formada a partir dos mesmos elementos que o corpo pesado e terreno, mas sim a partir do espírito celestial: agora, as coisas celestiais estão, por natureza, sempre em movimento, acelerando e voando com a maior rapidez. Olhe para os astros que iluminam o mundo: nenhum deles fica parado. O sol está perpetuamente em movimento, passando de um lado para outro, e embora ele gire com todo o céu, no entanto, ele tem um movimento na direção contrária ao do universo em si, e passa por todas as constelações sem permanecer em nenhuma: sua errância é incessante, e ele nunca para de se mover de um lugar para outro. Todas as coisas giram continuamente e estão sempre mudando; elas passam de uma posição para outra de acordo com leis naturais e inalteráveis: após completarem um certo circuito em um espaço de tempo fixo, elas começam novamente o caminho que haviam percorrido anteriormente. Portanto, não se surpreenda se a mente humana, que é formada a partir das mesmas sementes que os corpos celestes, se deleita com a mudança e a errância, uma vez que a natureza divina em si mesma se deleita com um movimento constante e excessivamente rápido ou talvez até preserve sua existência dessa forma.

VII. Agora, voltemos de assuntos divinos para os assuntos humanos: você verá que tribos inteiras e nações mudaram seus lugares de residência. O que significa cidades gregas no meio de regiões bárbaras? Ou a língua macedônia existindo entre indianos e persas? A Cítia e toda aquela região que pulula com tribos selvagens e incivilizadas orgulha-se, no entanto, de cidades aqueias ao longo das margens do Mar Negro. Nem os rigores do inverno eterno, nem o caráter dos homens tão selvagens quanto o seu clima, impediu as pessoas de migrarem para lá. Há uma massa de atenienses na Anatólia. Mileto enviou cidadãos para várias partes do mundo, suficientes para povoar setenta e cinco cidades. Toda a costa da Itália banhada pelo Mar Inferior fazia parte do que já foi chamado de "Grécia Maior". A Ásia reivindica os toscanos como seus: há tirianos vivendo na África, cartagineses na Espanha; gregos se infiltraram entre os gauleses, e gauleses entre os gregos. Os Pirenéus não se provaram uma barreira para os alemães: o capricho humano abre caminho

CONSOLAÇÕES À HÉLVIA

por regiões inexploradas e desconhecidas: homens arrastam consigo seus filhos, suas esposas e seus pais idosos e desgastados. Alguns foram jogados para lá e para cá por longas peregrinações, até que ficaram tão cansados que não podiam mais escolher um lugar para morar, mas se estabeleceram no lugar mais próximo: outros conquistaram países estrangeiros pela força das armas: algumas nações, enquanto se dirigiam para lugares desconhecidos, foram engolidas pelo mar: algumas se estabeleceram no lugar em que foram originalmente desembarcadas pela absoluta falta de recursos. Nem todos os homens tiveram as mesmas razões para deixar seu país e procurar um novo: alguns escaparam de suas cidades quando destruídas por exércitos inimigos e, tendo perdido suas próprias terras, foram lançados sobre as terras de outros: alguns foram expulsos por brigas domésticas: alguns foram forçados a partir devido ao excesso de população, a fim de aliviar a pressão em casa: alguns foram forçados a sair devido à pestilência ou frequentes terremotos, ou defeitos insuportáveis de um solo infértil: alguns foram seduzidos pela fama de um clima fértil e excessivamente elogiado. Diferentes pessoas foram levadas para longe de suas casas por diferentes motivos; mas em todos os casos é claro que nada permanece no mesmo lugar em que nasceu: o movimento da raça humana é perpétuo: neste vasto mundo, algumas mudanças ocorrem diariamente. Os alicerces de novas cidades são lançados, novos nomes de nações surgem, enquanto os antigos desaparecem ou são absorvidos por nações mais poderosas. E ainda, o que são todas essas migrações em massa senão os banimentos de povos inteiros? Por que eu deveria conduzi-los por todos esses detalhes? Qual é a utilidade de

LÚCIO ANEU SÊNECA

mencionar Antenor, o fundador de Pádua, ou Evandro, que estabeleceu seu reino de colonos arcadianos nas margens do Tibre? Ou Diomedes e os outros heróis, tanto vitoriosos quanto vencidos, que a guerra de Troia dispersou por terras que não eram suas? É um fato que o próprio Império Romano traça sua origem a um exilado como seu fundador, que, fugindo de seu país após sua conquista, com os poucos resquícios que havia salvado da destruição, foi trazido para a Itália por pura necessidade e medo de seu conquistador, que o obrigou a procurar terras distantes. Desde então, quantas colônias esse povo enviou para todas as províncias? Onde o romano conquista, ele se estabelece. Essas migrações sempre encontraram pessoas ansiosas para participar delas, e soldados veteranos abandonaram seus lares nativos e seguiram a bandeira dos colonos através do mar. Tal assunto não necessita de ilustrações adicionais por meio de mais exemplos. Ainda assim, vou acrescentar mais um exemplo que tenho diante dos meus olhos: esta mesma ilha[18] mudou frequentemente seus habitantes. Sem mencionar eventos mais antigos, que se tornaram obscuros devido à sua antiguidade, os gregos que habitam Marselha nos dias de hoje, quando saíram de Foceia, primeiro se estabeleceram aqui, e há dúvidas sobre o que os expulsou daqui, se foi a rigorosidade do clima, a vista da terra mais poderosa da Itália, ou a falta de portos na costa: o fato de eles se colocarem no meio das tribos mais selvagens e incultas da Gália naquela época prova que não foram expulsos daqui pela ferocidade dos nativos. Posteriormente, os lígures vieram para esta mesma ilha, e também os

---

18 NOTA DE AUBREY STEWART — Córsega.

CONSOLAÇÕES À HÉLVIA

espanhóis[19], o que é comprovado pela semelhança de seus costumes: pois eles usam as mesmas coberturas de cabeça e o mesmo tipo de sapatos que os cântabros, e algumas de suas palavras são as mesmas: pois, através da convivência com gregos e lígures, eles perderam completamente sua língua nativa. Desde então, duas colônias romanas foram trazidas para cá, uma por Mário e a outra por Sula: tantas vezes a população desta rocha estéril e espinhosa foi alterada. Em resumo, dificilmente você encontrará alguma terra que ainda esteja nas mãos de seus habitantes originais: todos os povos se confundiram e se misturaram: um veio após o outro: um desejou o que outro desprezou: alguns foram expulsos da terra que tiraram de outro. Assim, o destino decretou que nada deveria desfrutar de uma sucessão ininterrupta de boa sorte.

VIII. Varro, o mais erudito de todos os romanos, acreditava que, apenas pela mudança de lugar, independentemente dos outros males associados ao exílio, poderíamos encontrar um remédio suficiente com a ideia de que, para onde quer que formos, sempre vamos lidar com a mesma Natureza. Marcus Brutus achava que havia conforto suficiente na ideia de que aqueles que se exilam têm permissão para levar suas virtudes consigo. Embora se possa pensar que nenhum deles, sozinho, seja capaz de consolar um exilado, é preciso admitir que, quando combinados, têm grande poder: pois quão pouco é o que perdemos! Para onde quer que nos dirijamos, duas coisas excelentes nos acompanharão, que são:

---

19 NOTA DE AUBREY STEWART — O próprio Sêneca era de origem espanhola.

LÚCIO ANEU SÊNECA

uma Natureza comum e nossa própria virtude especial. Acredite em mim, este é o trabalho de quem quer que tenha sido o Criador do universo, seja ele uma divindade onipotente, uma mente incorpórea que realiza obras vastas, um espírito divino pelo qual todas as coisas, desde as maiores até as menores, são igualmente permeadas, ou o destino e uma sequência inalterável de eventos conectados; isso, eu digo, é seu trabalho, que nada que estiver acima daqueles mais inferiores, poderia cair sob o poder do outro. Tudo o que é melhor para o desfrute do homem está além do poder humano e não pode ser concedido ou tirado: este mundo, a maior e mais bela das produções da Natureza, e sua parte mais nobre, uma mente que pode contemplá-lo e admirá-lo, são nossa propriedade e permanecerão conosco enquanto nós mesmos durarmos. Portanto, vamos apressar-nos alegremente e com passos destemidos para onde quer que as circunstâncias nos chamem: vamos vagar por qualquer país que desejarmos; não há lugar de banimento em todo o mundo onde o homem não possa encontrar um lar. Posso erguer meus olhos da terra para o céu em um lugar, assim como em outro; os corpos celestes estão igualmente próximos da humanidade em todos os lugares: portanto, enquanto meus olhos não forem privados desse espetáculo do qual nunca poderão se fartar, enquanto eu for permitido a olhar o Sol e a Lua, a contemplar as outras estrelas, a especular sobre seus nascimentos e pores, seus períodos e as razões pelas quais se movem mais rápido ou mais devagar, a ver tantas estrelas brilhando durante a noite, algumas fixas, algumas não se movendo em órbita ampla, mas girando em sua própria trajetória, algumas se afastando subitamente dela, algumas deslumbrando nossos olhos com uma chama ardente como se estivessem caindo, ou voando arrastando atrás de si um longo rastro de luz brilhante: enquanto me é permitido conviver com essas estrelas e manter relações, na medida do possível para um ser humano, com toda a companhia do céu, enquanto puder elevar meu espírito para ver suas centelhas afins lá em cima, que importa em que solo eu piso?

IX. "Mas este país não produz árvores belas nem frutíferas; não é regado por rios amplos ou navegáveis; não produz nada que outras nações cobiçariam, já que sua produção mal é suficiente para sustentar seus habitantes: nenhum mármore precioso é extraído aqui, nenhuma veia de ouro e prata é escavada." E daí? Deve ser uma mente estreita que se deleita com coisas terrenas: ela deve ser afastada dessas coisas para a contemplação daquelas que podem ser vistas em toda parte, que são igualmente brilhantes em todos os lugares: devemos refletir, também, que esses assuntos vulgares, por uma perversão errônea de ideias, impedem que coisas realmente boas nos alcancem: quanto mais os homens estendem seus pórticos, mais alto erguem suas torres, mais amplas são suas ruas, mais fundos são seus refúgios dos calorosos verões, mais pesados são os telhados com os quais cobrem seus salões de banquete, mais haverá para obstruir sua visão do céu. A sorte o lançou em um país onde não há alojamento mais esplêndido do que uma choupana: você deve ter, de fato, um espírito pobre e que busca fontes baixas de consolo se suportar isso com coragem porque viu a choupana de Rômulo: diga, ao invés disso, "Se esse celeiro humilde for habitado pelas virtudes, imediatamente se tornará mais belo do que qualquer templo, porque dentro dele se verá a justiça, o domínio de si mesmo, a prudência, o amor, uma divisão correta de todos os deveres, um conhecimento de todas as coisas na terra e no céu". Nenhum lugar pode ser estreito se conter tal companhia das maiores virtudes; nenhum exílio pode ser cansativo no qual se pode ser acompanhado por esses companheiros. Brutus, no livro que escreveu sobre a virtude, diz que viu Marcelo no exílio em Mitilene, vivendo tão alegremente quanto é permitido ao homem viver, e nunca tão afiado em sua busca pela literatura quanto naquele momento. Ele acrescenta, portanto, a reflexão: "Parecia que eu mesmo estava indo para o exílio quando tinha que retornar sem ele, em vez de deixá-lo no exílio." Ah, quão mais afortunado Marcelo era naquele momento, quando Brutus o elogiou por seu exílio, do que quando Roma o elogiou por seu consulado! Que homem ele deve ter sido para fazer alguém pensar que estava sendo exilado porque o estava deixando em seu exílio! Que homem ele deve ter sido para atrair a admiração de alguém a quem até mesmo seu amigo, Catão, admirou! Brutus continua dizendo: "Caio César navegou por Mitilene sem atracar, porque não suportava ver um homem caído." O Senado, de fato, obteve seu retorno por petição pública, estando tão ansioso e triste no momento, que você teria pensado que todos tinham a mesma opinião de Brutus naquele dia e não estavam defendendo a causa de Marcelo, mas a deles próprios, para que não fossem enviados para o exílio por serem privados dele: ainda assim, ele ganhou muito mais glória no dia em que Brutus não suportou deixá-lo no exílio e César não suportou vê-lo: pois cada um deles testemunhou o seu valor: Brutus entristeceu-se, e César corou ao voltar para casa sem Marcelo. Pode haver dúvidas de que um homem

CONSOLAÇÕES À HÉLVIA

tão grande quanto Marcelo frequentemente se encorajou a suportar seu exílio pacientemente em termos semelhantes a estes: "A perda de sua pátria não é uma desgraça para você: você se imergiu o suficiente no conhecimento filosófico, a ponto de saber que o mundo inteiro é a pátria do sábio? Ora! não foi esse mesmo homem que o exilou de seu país por dez anos consecutivos? Ele estava, sem dúvida, engajado com a expansão do império, mas, apesar disso, estava ausente de sua pátria. Agora veja como sua presença é necessária na África, que ameaça reacender a guerra, na Espanha, que está alimentando novamente a força da facção oposta quebrada e despedaçada, no traiçoeiro Egito, em suma, em todas as partes do mundo, pois todos estão esperando a oportunidade de apoderar-se do império em desvantagem. Qual ele vai enfrentar primeiro? A qual parte da conspiração universal ele primeiro se oporá? Sua vitória o arrastará por todos os países do mundo. Que as nações o admirem e o adorem: que você viva satisfeito com a admiração de Brutus."

X. Marcelo, então, suportou nobremente seu exílio, e a mudança de lugar não causou nenhuma mudança em sua mente, mesmo que tenha sido acompanhada pela pobreza, na qual todo homem que não caiu na loucura da avareza e do luxo, que perturbam todas as nossas ideias, não vê mal algum. Na verdade, quão pouco é necessário para manter um homem vivo? E quem, tendo alguma virtude, sentirá falta disso? Quanto a mim, não sinto que perdi minha riqueza, mas minha ocupação: as necessidades do corpo são poucas: ele precisa de proteção contra o frio e dos meios para saciar a fome e a sede: todos os desejos além desses são vícios, não necessidades. Não há necessidade de explorar todos os abismos do mar, de sobrecarregar o estômago com montes de animais abatidos, ou de arrancar mariscos[20] da costa desconhecida do mar mais distante: que os deuses e deusas tragam a ruína àqueles cujo luxo ultrapassa os limites de um império que já é perigosamente amplo. Eles querem abastecer suas cozinhas ostentosas com caça do outro lado do Fásis, e embora Roma ainda não tenha obtido satisfação dos Partos, eles não têm vergonha de obter aves deles: eles reúnem de todas as regiões tudo, conhecido ou desconhecido, para tentar seu paladar exigente: comida, que seu estômago, desgastado com delicadezas, mal consegue reter, é trazida do oceano mais distante: eles vomitam para comer, e comem para vomitar, e nem sequer dignam-se a digerir os banquetes que saqueiam o globo para obter. Se um homem despreza essas coisas, que mal pode lhe fazer a pobreza? Se ele as deseja, então a pobreza até lhe faz bem, pois ele é curado apesar de si mesmo, e embora não receba remédios nem mesmo sob compulsão, enquanto é incapaz de realizar seus desejos, é como se não os tivesse. Caio César, que, na minha opinião, a Natureza produziu para mostrar o que o vício ilimitado seria capaz de fazer quando combinado com o poder ilimitado, jantou um dia a um custo de dez milhões de sestércios: e embora nisso ele tenha contado com a inteligência de todos os seus súditos, mal conseguiu encontrar como fazer um único jantar com o dinheiro do tributo de três províncias. Quão infelizes são aqueles cujo apetite só pode ser despertado por comida cara! E o custo da comida não depende de seu sabor delicioso e doçura de gosto, mas de sua raridade e da dificuldade de obtê-la: caso contrário,

---

20 NOTA DE AUBREY STEWART — Qu., ostras da Grã-Bretanha.

CONSOLAÇÕES À HÉLVIA

se eles escolhessem voltar à sensatez, de que necessidade teriam de tantas artes que servem ao estômago? De um comércio tão grande? De um desmatamento de florestas? De uma exploração tão profunda dos mares? A comida está em toda parte e foi colocada pela Natureza em todas as partes do mundo, mas eles a desprezam como se fossem cegos, e vagam por todos os países, cruzam os mares e excitam a fome, que poderiam aplacar com um custo pequeno. Gostaríamos de dizer: Por que você lança navios? Por que arma suas mãos para a batalha com homens e feras selvagens? Por que você corre tão desordenadamente para cá e para lá? Por que acumula fortuna após fortuna? Você está relutante em lembrar o quão pequenos são nossos corpos? Não é frenesi e loucura desejar tanto quando você pode conter tão pouco? Embora você possa aumentar sua renda e estender os limites de sua propriedade, nunca poderá ampliar seus próprios corpos: quando suas transações comerciais tiverem dado certo, quando tiver feito uma campanha bem-sucedida, quando tiver coletado a comida que procurou por todas as terras, você não terá um lugar para guardar todas essas superfluidades. Por que você se esforça tanto para obter tanto? Você acha que nossos antepassados, cuja virtude sustenta nossos vícios até os dias de hoje, eram infelizes, por prepararem sua comida com as próprias mãos, pela terra ser sua cama, por seus tetos não brilharem com ouro, nem seus templos com pedras preciosas? Eles costumavam jurar com escrupulosa honestidade pelos deuses de barro; aqueles que chamavam esses deuses como testemunhas voltariam ao inimigo para uma morte certa antes de quebrar sua palavra[21]. Você supõe

---

21 NOTA DE AUBREY STEWART — A alusão é evidentemente à Régulo.

que nosso ditador, que concedia audiência aos embaixadores dos samnitas enquanto ele mesmo assava o alimento mais simples diante do fogo com a mesma mão com a qual tantas vezes havia ferido o inimigo, e com a qual havia colocado sua coroa de louros no colo de Júpiter Capitolino, desfrutou menos da vida do que Apício, que viveu em nossos próprios dias, cujos hábitos contaminaram todo o século, que se considerava um professor de gastronomia naquela mesma cidade da qual os filósofos outrora foram banidos como corruptores da juventude? Vale a pena conhecer o seu fim. Depois de gastar cem milhões de sestércios em sua cozinha e desperdiçar em cada banquete uma quantia igual a tantos presentes dos imperadores reinantes e à vasta receita que ele obtinha do Capitolino, sobrecarregado de dívidas, ele se viu forçado a examinar suas contas pela primeira vez: ele calculou que teria dez milhões de sua fortuna restantes e, como se fosse viver uma vida de mera privação com dez milhões, pôs fim à sua vida envenenando-se. Quão grande deve ter sido o luxo desse homem, para quem dez milhões significassem carência? Você pode pensar, após isso, que a quantidade de dinheiro necessária para formar uma fortuna depende de sua extensão real e não da mente do proprietário? Aqui estava um homem que se horrorizava com a ideia de uma fortuna de dez milhões de sestércios e escapava com veneno de uma perspectiva que outros homens oram para alcançar. No entanto, para uma mente tão doente, esse último gole dele foi o mais saudável: ele estava realmente comendo e bebendo venenos quando não apenas desfrutava, mas se vangloriava de seus enormes banquetes, quando exibia seus vícios, quando fazia com que seu país seguisse seu exemplo, quando con-

CONSOLAÇÕES À HÉLVIA

vidava os jovens a imitá-lo, embora a juventude seja rápida em aprender o mal, sem contar com um modelo para copiar. Isso é o que acontece com aqueles que não usam sua riqueza de acordo com a razão, que tem limites fixos, mas de acordo com a moda viciosa, cujas fantasias são ilimitadas e inquantificáveis. Nada é suficiente para o desejo ganancioso, mas a Natureza pode ser satisfeita até com medida escassa. Portanto, a pobreza de um exilado não causa inconveniência, pois nenhum lugar de exílio é tão estéril a ponto de não produzir o suficiente para sustentar um homem.

XI. Em seguida, precisa um exilado lamentar seu antigo traje e casa? Se ele deseja essas coisas apenas por sua utilidade, ele não precisará nem de telhado nem de vestimenta, pois é necessário tão pouco para cobrir o corpo quanto é para alimentá-lo: a Natureza não anexou condições difíceis a nada que o homem seja obrigado a fazer. No entanto, se ele suspira por uma túnica púrpura embebida em enxurradas de tinta, entrelaçada com fios de ouro e com bordados artísticos de muitas cores, então sua pobreza é culpa sua, e não da Fortuna: mesmo que você restaurasse tudo o que ele perdeu, não lhe faria bem; pois ele teria mais ambições insatisfeitas, se restaurado, do que tinha desejos insatisfeitos quando era um exilado. Se ele anseia por móveis reluzentes com vasos de prata, prata que ostenta a assinatura de artistas antigos, bronze que a mania de um pequeno grupo tornou caro, escravos em número suficiente para lotar uma casa grande, cavalos superalimentados de propósito e pedras preciosas de todos os países: qualquer que seja a coleção que ele faça dessas coisas, ele nunca saciará seu apetite insaciável, assim como qualquer quantidade de bebida não extin-

LÚCIO ANEU SÊNECA

guirá a sede que não surge da necessidade de beber, mas do calor ardente dentro de um homem; pois isso não é sede, mas doença. Isso não ocorre apenas com relação a dinheiro e comida, mas qualquer desejo causado pelo vício, e não pela necessidade, é dessa natureza: não importa o quanto você o abasteça, você nunca o sacia, mas o intensifica. Aquele que se contém dentro dos limites prescritos pela natureza não sentirá a pobreza; aquele que os excede sempre será pobre, não importa quão grande seja sua riqueza. Mesmo um lugar de exílio é suficiente para fornecer o necessário; reinos inteiros não são suficientes para fornecer o supérfluo. É a mente que torna os homens ricos: ela os acompanha no exílio e nas selvas mais selvagens, após encontrar sustento suficiente para o corpo, desfruta de seus próprios recursos abundantes: a mente não tem mais conexão com o dinheiro do que os deuses imortais têm com aquelas coisas que são tão valorizadas por intelectos não educados, mergulhados na servidão da carne. Gemas, ouro, prata e mesas redondas grandes polidas são apenas escórias terrenas, que não podem ser amadas por uma mente pura que lembra de onde veio, é imaculada pelo pecado e que, quando liberta do corpo, logo alçará voo até o céu mais alto: enquanto isso, na medida em que lhe é permitido pelas dificuldades de seus membros mortais e por este pesado entrave do corpo que o cerca, ela examina as coisas divinas com pensamento ágil e etéreo. Daí segue que nenhum homem nascido livre, que é parente dos deuses e apto para qualquer mundo e qualquer época, jamais pode estar no exílio: pois seus pensamentos estão voltados para todos os céus e para todos os tempos passados e futuros: este corpo fútil, a prisão e a algema do espírito, pode ser lançado para lá

CONSOLAÇÕES À HÉLVIA

ou para cá; sobre ele torturas, roubos e doenças podem fazer sua vontade: mas o espírito em si é sagrado e eterno, e sobre ele ninguém pode colocar as mãos.

XII. Para que você não pense que uso apenas os princípios dos filósofos para depreciar os males da pobreza, que ninguém considera terríveis a menos que acredite que sejam; considere, em primeiro lugar, quantas mais pessoas pobres existem do que ricas, e, no entanto, você não encontrará que sejam mais tristes ou ansiosas do que os ricos: pelo contrário, não tenho certeza de que não sejam mais felizes, porque têm menos coisas para distrair suas mentes. Partindo desses pobres, que muitas vezes não são infelizes em sua pobreza, passemos para os ricos. Em quantas ocasiões eles são iguais aos pobres! Quando estão em viagem, sua bagagem é reduzida, sempre que precisam viajar rápido, sua comitiva de acompanhantes é dispensada. Quando estão servindo no exército, quão pequena parte de sua propriedade eles podem ter consigo, já que a disciplina militar proíbe superfluidades! Eles têm alguns dias em que ficam cansados de suas riquezas, jantam reclinados no chão, guardam todas as suas peças de ouro e prata e usam cerâmica. Loucos! Eles sempre têm medo dessa coisa a qual às vezes desejam. Oh, que estupidez densa, quanta ignorância da verdade eles mostram quando fogem disso e, no entanto, se divertem brincando com isso! Sempre que olho para os grandes exemplos da Antiguidade, sinto vergonha de buscar consolo para minha pobreza, agora que a luxúria avançou tanto na era atual, que a mesada de um exilado é maior do que a herança dos príncipes de antigamente. É bem sabido que Homero tinha um escravo, Platão tinha três e Zenão, que primeiro ensinou a doutrina severa e viril dos estoicos, não tinha nenhum. No entanto, alguém poderia dizer que eles viviam miseravelmente sem serem considerados uns coitados por todos? Mênio Agripa, por cuja mediação os patrícios e plebeus se reconciliaram, foi enterrado com uma subscrição pública. Atílio Régulo, enquanto estava envolvido em dispersar os cartagineses na África, escreveu ao Senado que seu empregado havia lhe abandonado e, consequentemente, sua fazenda estava deserta. Portanto, foi decretado que, enquanto Régulo estivesse ausente, a terra seria cultivada às custas do Estado. Não valeria a pena não ter escravo, se, com isso, ele obtivesse o povo romano como administrador de sua fazenda? As filhas de Cipião receberam seus dotes do Tesouro, porque seu pai não havia deixado nada para elas: pelo amor de Hércules, era justo que o povo romano pagasse um tributo a Cipião por uma vez, já que ele o havia exigido para sempre de Cartago. Oh, como foram felizes os maridos dessas meninas, que tinham o povo romano como sogro. Você acha que aqueles cujas filhas dançam no balé e se casam com um dote de um milhão de sestércios são mais felizes do que Cipião, cujos filhos receberam seus dotes em moeda de latão antiquada de seu guardião, o Senado? Alguém pode desprezar a pobreza quando ela tem uma descendência tão nobre para se orgulhar? Pode um exilado ficar zangado com alguma privação, quando Cipião não podia arcar com um dote para suas filhas, Régulo não podia pagar um trabalhador contratado, Mênio não podia arcar com um funeral? Quando todas essas necessidades desses homens foram supridas de maneira que as tornou uma fonte de honra adicional? A pobreza, quando

CONSOLAÇÕES À HÉLVIA

homens como esses defendem a sua causa, não é apenas inofensiva, mas positivamente atraente.

XIII. A isso se pode responder: "Por que você divide de maneira tão engenhosa o que pode, de fato, ser suportado se tomado individualmente, mas que, juntos, são avassaladores? A mudança de lugar pode ser suportada se nada mais do que o local for alterado. A pobreza pode ser suportada se for sem desonra, o que, por si só, é suficiente para amedrontar nossos espíritos." Se alguém tentasse me assustar com o número de minhas desgraças, eu lhe responderia da seguinte maneira: Se você tiver força suficiente para resistir a qualquer parte de sua má sorte, terá força suficiente para resistir a tudo. Se a virtude endureceu sua mente uma vez, ela a torna impermeável a golpes de qualquer natureza. Se a avareza, essa grande praga da raça humana, a deixou, você não será perturbado pela ambição. Se você considera o fim de seus dias não como um castigo, mas como um decreto da natureza, nenhum medo de outra coisa ousará entrar no peito que tenha afastado o medo da morte. Se você considerar que a paixão sexual foi concedida à humanidade não para o prazer, mas para a continuação da raça, todos os outros desejos passarão inofensivamente por alguém que está seguro até mesmo dessa praga secreta implantada em nossos próprios seios. A razão não vence os vícios um a um, mas todos de uma vez: se a razão é derrotada, ela é derrotada de uma vez por todas. Você supõe que qualquer homem sábio, que confie inteiramente em si mesmo, que se tenha libertado das ideias do vulgo, possa ser abalado pela desonra? Uma morte desonrosa é pior até mesmo do que a desonra: no entanto, Sócrates manteve a mesma expressão facial com a qual ele havia repreendido aos Trinta Tiranos quando entrou na prisão, e, assim, tirou o caráter infame do local; pois o local que continha Sócrates não poderia ser considerado uma prisão. Alguém já foi tão cego para a verdade ao ponto de acreditar que Marco Catão foi desonrado por sua derrota dupla na candidatura ao pretorado e ao consulado? Essa desonra recaiu sobre o pretorado e o consulado que Catão honrou com sua candidatura. Ninguém é desprezado por outros a menos que seja previamente desprezado por si mesmo: uma mente servil e abjeta pode se tornar vítima desse desprezo com facilidade; mas aquele que enfrenta as mais cruéis desgraças e supera os males pelos quais outros teriam sido esmagados — esse homem, eu digo, transforma suas desgraças em emblemas de honra, porque somos constituídos de tal maneira que não admiramos nada da mesma forma quanto a um homem que suporta a adversidade com bravura.

Em Atenas, quando Aristides estava sendo levado à execução, todos que o encontraram abaixaram os olhos e gemeram, como se não apenas um homem justo, mas a justiça em si, estivesse sendo condenada à morte. No entanto, um homem, foi descoberto, cuspiu em seu rosto: ele poderia ter ficado perturbado com isso, já que ele sabia que somente um homem de boca suja teria coragem de fazer isso; ele, no entanto, limpou o rosto e, com um sorriso, pediu ao magistrado que o acompanhava para avisar aquele homem a não abrir a boca de maneira tão rude novamente. Agir assim foi tratar a afronta com desdém. Eu sei que alguns dizem que não há nada mais terrível do que a desonra e que prefeririam a morte. Para esses homens, eu respondo que mesmo o exílio muitas vezes não é acompanhado por desonra alguma; se um grande homem cai, ele continua sendo um grande homem depois de sua queda, você não pode supor que ele seja desonrado da mesma forma que quando as pessoas pisam nas paredes de um templo em ruínas, que os piedosos tratam com tanto respeito quanto quando estavam de pé.

XIV. Sendo assim, minha querida mãe, você não tem motivo para chorar interminavelmente por minha causa, logo, suas lágrimas devem se dever à sua própria situação: há duas razões para isso, seja por ter perdido minha proteção, seja por não conseguir suportar o simples fato da separação. Quanto à primeira, vou tocar brevemente, pois sei que o seu coração ama nada do que pertence a seus filhos, exceto eles mesmos. Deixe que outras mães cuidem disso, que fazem uso da autoridade de seus filhos com a paixão de uma mulher, que são ambiciosas através de seus filhos porque não podem ocupar cargos elas mesmas, que gastam a herança de seus filhos e, ainda assim, estão ansiosas para herdar, e que cansam seus filhos ao emprestar sua eloquência aos outros: você sempre se regozijou muito com os sucessos de seus filhos e nunca fez uso deles; sempre estabeleceu limites para nossa generosidade, embora não estabelecesse limites para a sua; enquanto era menor sob o poder do chefe da família, você costumava fazer presentes para seus filhos ricos; você administrou nossas heranças com tanto cuidado como se estivesse trabalhando com as suas, mas se absteve de tocá-las como se pertencessem a estranhos; você poupou o uso de nossa influência, como se desfrutasse de outros meios, e não se aproveitou dos cargos públicos para os quais fomos eleitos, além de se regozijar com nosso sucesso e pagar nossas despesas: sua indulgência nunca foi manchada por qualquer pensamento de lucro, e você não pode lamentar a perda de seu filho por um motivo que nunca teve peso antes de seu exílio.

XV. Todos os meus poderes de consolação devem ser direcionados para outro ponto, a verdadeira fonte de sua dor materna. Você diz: "Estou privada dos abraços de meu querido filho, não posso desfrutar do prazer de vê-lo e ouvi-lo falar. Onde está aquele que, ao vê-lo, eu costumava aliviar minha testa franzida, a quem costumava confiar todas as minhas preocupações? Onde está sua conversa, da qual eu nunca conseguia o suficiente? Seus estudos, em que eu participava com mais ânimo do que uma mulher, com mais familiaridade do que uma mãe? Onde estão nossos encontros? A alegria juvenil que ele sempre demonstrava ao ver a mãe?" A tudo isso, você adiciona os lugares reais de nossas festas e conversas, e, o que deve ter mais poder para movê-la do que qualquer outra coisa, os vestígios de nossa vida social recente, pois a Fortuna a tratou com a crueldade adicional de permitir que você partisse no terceiro dia antes de minha ruína, sem traços de ansiedade e sem temer nada do tipo. Foi bom que tivéssemos sido separados por uma grande distância; foi bom que uma ausência de alguns anos a preparou para suportar esse golpe. Você voltou para casa, não para desfrutar de seu filho, mas para se livrar do hábito de ansiar por ele. Se você tivesse estado ausente por mais tempo antes, teria suportado com mais coragem, já que o próprio período de sua ausência moderaria sua saudade de me ver. Se você nunca tivesse se afastado, teria, pelo menos, ganhado uma última vantagem em ver seu filho por mais dois dias. Como foi, o destino cruel se arranjou de modo que você não estivesse presente comigo durante minha boa sorte, mas também não se acostumasse com minha ausência. Mas quanto mais difícil essas coisas são de suportar, mais virtude você deve convocar para ajudá-la e mais corajosamente deve lutar como se fosse com um inimigo que você conhece bem e já venceu muitas vezes. Este sangue não fluiu de um corpo previamente ileso: você foi ferida através da cicatriz de uma ferida antiga.

XVI. Você não tem motivos para se desculpar por ser uma mulher, que possui uma espécie de direito de chorar sem restrições, embora não sem limites. Por essa razão, nossos antepassados designaram um período de luto de dez meses para as mulheres que perderam seus maridos, regulando assim a intensidade do pesar de uma mulher por meio de um decreto público. Eles não proibiram o luto, mas estabeleceram limites para o sofrimento: pois, embora seja uma fraqueza tola ceder ao pesar interminável quando se perde um ente querido, mostra uma dureza de coração antinatural não expressar pesar algum. O melhor meio-termo entre o afeto e o bom senso é sentir pesar e contê-lo. Você não precisa olhar para certas mulheres cuja tristeza, uma vez iniciada, só terminou com a morte: você conhece algumas que, após a perda de seus filhos, nunca abandonaram o traje de luto. Você é constitucionalmente mais forte do que essas mulheres e mais é exigido de você. Você não pode recorrer à desculpa de ser uma mulher, pois você não tem os vícios femininos. A imoralidade, o maior mal da época, nunca a incluiu na maioria das mulheres; você nunca foi tentada por joias ou pérolas; a riqueza não a atraiu, fazendo-a pensar que era a maior bênção que o homem poderia possuir. Educada respeitosamente em um lar antigo e rigoroso, você nunca foi influenciada por aquela imitação de outros que é tão cheia de perigos, mesmo para mulheres virtuosas. Nunca teve vergonha de sua fertilidade como se fosse uma afronta à sua juventude; nunca escondeu os sinais da gravidez como se fosse um fardo inadequado. Nunca destruiu seu filho esperado no ventre, como muitas outras mulheres cujos encantos são encontrados apenas em sua beleza. Nunca sujou o rosto com pinturas ou cosméticos; nunca gostou de roupas que mostrassem a figura tão claramente como se estivesse nua; seu único adorno foi uma beleza consumada que o tempo não pode prejudicar, e sua maior glória foi sua modéstia. Portanto, você não pode alegar sua feminilidade como desculpa para sua tristeza, porque suas virtudes a elevaram acima disso. Você deveria ser superior às lágrimas femininas assim como é aos vícios femininos. Mesmo as mulheres não permitiriam que você definhasse após receber esse golpe, mas lhe diriam para passar rapidamente e com calma pelo período necessário de luto e depois se erguer. Refiro-me, se você estiver disposta a tomar como modelo essas mulheres cuja eminente virtude as colocou entre os grandes homens. A desgraça reduziu o número de filhos de Cornélia de doze para dois. Se você contar o número de suas mortes, Cornélia perdeu dez. Se você os pesar, ela perdeu os Gracos. No entanto, quando seus amigos estavam chorando ao seu redor e lançando imprecações amargas contra sua sorte, ela os proibiu de culpar a sorte por tê-la privado[22] de seus filhos, os Gracos. Assim deveria

---

22 NOTA DE AUBREY STEWART — O tradutor para inglês britânico acredita que "*ademisset*" de Madvig estraga o sentido. "*Dedisset*" significa:

CONSOLAÇÕES À HÉLVIA

ter sido a mãe daquele que, ao falar no Fórum, disse: "Vocês falarão mal da mãe que me deu à luz?" O discurso da mãe me soa como dotado de muito mais espírito: o filho dava grande valor ao nascimento dos Gracos; a mãe dava igual valor às suas mortes. Rutília seguiu seu filho, Cota, para o exílio e era tão apaixonadamente apegada a ele que conseguia suportar o exílio melhor do que a ausência dele. Ela só voltou para casa depois que seu filho o fez. Após ele ter sido restaurado e elevado a honras na República, ela suportou sua morte com a mesma coragem com que suportou seu exílio. Ninguém viu traços de lágrimas em suas bochechas depois de enterrar seu filho. Ela demonstrou coragem quando ele foi banido, sabedoria quando ele morreu, e não permitiu que considerações interferissem em seu afeto ou a forçassem a prolongar um luto inútil e tolo. Estas são as mulheres com as quais desejo que você seja comparada. Você tem as melhores razões para restringir e suprimir seu pesar, assim como elas fizeram, porque você sempre imitou suas vidas.

XVII. Estou ciente de que esse é um assunto que não está sob nosso controle e que nenhuma das paixões, especialmente aquela que surge da tristeza, obedece aos nossos desejos; de fato, é dominante, teimosa e resolutamente rejeita todos os remédios: às vezes desejamos sufocá-la e engolir nossa emoção, mas, no entanto, lágrimas escorrem sobre nossa fisionomia cuidadosamente arranjada e maquiada. Às vezes ocupamos nossas mentes com espetáculos públicos e lutas de gladiadores; mas, durante os próprios eventos pe-

---

"quando você me manda lamentar a perda dos Gracos, você me manda culpar a sorte por ter me dado filhos assim." "É melhor ter amado e perdido do que nunca ter amado." — J. E. B. M.

los quais nos entretemos, a mente é atormentada por leves toques de tristeza. Portanto, é melhor conquistá-la do que enganá-la; pois uma tristeza que foi enganada e afastada, seja pelo prazer ou pelos afazeres, ressurge, e seu período de descanso apenas lhe dá força para um ataque mais terrível; mas uma tristeza que foi vencida pela razão é aplacada para sempre. Não vou, portanto, dar o conselho que muitos, eu sei, adotam, de que você deve distrair seus pensamentos com uma longa jornada ou entretê-los com uma que seja bela; que você deve gastar muito tempo na análise cuidadosa de contas e na administração de sua propriedade, e que deve se envolver constantemente em novos empreendimentos: todas essas coisas têm pouco efeito e não curam, apenas obstruem nossa tristeza. Eu prefiro que ela seja encerrada do que enganada; e, portanto, eu gostaria de orientá-la para o estudo da Filosofia, o verdadeiro refúgio para todos aqueles que estão fugindo da crueldade da Fortuna: isso vai curar suas feridas e tirar toda a sua tristeza: a isso você teria que se dedicar agora, mesmo que nunca o tivesse feito antes; mas, na medida em que o rigor antiquado de meu pai permitiu, você adquiriu um conhecimento superficial, embora não aprofundado, de todos os estudos liberais. Valha-me, Deus, meu pai, o mais excelente dos homens que era, tivesse sido menos dedicado aos costumes de nossos ancestrais e tivesse permitido que você fosse totalmente instruída nos elementos da Filosofia, em vez de receber apenas um conhecimento superficial dela! Eu não precisaria agora fornecer os meios para lutar contra a Fortuna, mas você os ofereceria a mim: mas ele não permitiu que você estudasse profundamente, porque algumas mulheres usam a literatura para ensiná-las a luxúria em vez da sabedoria. Ainda assim, graças ao seu aguçado apetite intelectual, você aprendeu mais do que poderia se esperar no tempo: lançou os alicerces de todo bom aprendizado, agora retorne a eles: eles a manterão segura, a consolarão e encantarão. Se uma vez tiverem entrado profundamente em sua mente, a tristeza, a ansiedade, o sofrimento ganharão entrada ali: seu peito não estará aberto para nenhum deles; contra todos os outros vícios ele está fechado há muito tempo. A Filosofia é sua guardiã mais confiável e só ela pode salvá-la dos ataques da Fortuna[23].

XVIII. No entanto, como você precisa de algo em que possa se apoiar até chegar ao refúgio de descanso que a Filosofia lhe oferece, gostaria, por enquanto, de apontar as consolações que você tem. Olhe para meus dois irmãos — enquanto eles estão seguros, você não tem motivos para reclamar da Fortuna; você pode se deleitar com as virtudes de cada um deles, apesar de serem diferentes; um deles alcançou alto cargo através de sua atenção aos negócios, o outro, filosoficamente o desdenhou. Regozije-se com a elevada posição de um de seus filhos, com a aposentadoria tranquila do outro, com o afeto filial de ambos. Conheço os motivos mais secretos de meus irmãos: um deles adorna seu alto cargo para conferir brilho a você, o outro se retirou do mundo para viver uma vida de tranquilidade e contemplação, para desfrutar plenamente de sua companhia. A Fortuna considerou tanto a sua segurança quanto o seu prazer na disposição de seus dois filhos: você pode ser protegida pela autoridade

---

23 Muitas vezes, com "sorte", o autor quer dizer "destino" ou a deusa Fortuna, que melhor se aplicam em alguns contextos na Língua Portuguesa. (N. do T.)

de um e encantada pelo lazer literário do outro. Eles competirão entre si em afeto devotado a você, e a perda de um filho será suprida pelo amor de dois outros. Posso prometer com confiança que você não encontrará nada faltando em seus filhos, exceto o número deles. Agora, então, desvie seus olhos deles para seus netos; para Marcus, aquela criança mais cativante, cuja presença nenhuma tristeza pode resistir. Não há tristeza tão grande ou tão fresca no coração de alguém que não possa ser encantada por sua presença. Onde estão as lágrimas que sua alegria não poderia secar? Qual coração é tão comprimido pela tristeza que sua animação não o faria dilatar? Quem não seria alegrado por sua brincadeira? Quem não seria atraído e feito esquecer seus pensamentos sombrios por aquela tagarelice à qual ninguém jamais se cansa de ouvir? Rogo aos deuses que ele sobreviva a nós: que toda a crueldade do destino se esgote em mim e não vá além; que toda a tristeza destinada à minha mãe e à minha avó recaia sobre mim; mas que todos os outros floresçam como fazem agora: não farei reclamações sobre minha ausência de filhos ou meu exílio, contanto que meu sacrifício seja aceito como uma expiação suficiente, e minha família não sofra mais nada. Abrace Novatilla em seu seio, que logo lhe presenteará com bisnetos, ela que eu adotara tão completamente e fizera minha, que agora, tendo perdido a mim, parece órfã, mesmo que seu pai esteja vivo. Ame-a por minha causa, bem como pela dela: a Fortuna recentemente a privou de sua mãe: seu afeto poderá impedi-la de realmente sentir a perda da mãe que chora. Aproveite essa oportunidade para formar e fortalecer seus princípios; nada penetra tão profundamente na mente quanto o ensinamento que recebemos nos primeiros

CONSOLAÇÕES À HÉLVIA

anos; deixe-a se acostumar a ouvir seus discursos; que seu caráter seja moldado de acordo com o seu desejo: ela ganhará muito, mesmo que você não lhe dê nada mais do que o seu exemplo. Essa obrigação continuamente recorrente será um remédio em si mesma: quando sua mente estiver cheia de tristeza materna, nada pode distraí-la de seu sofrimento, exceto o argumento filosófico ou o trabalho honroso. Eu contaria seu pai entre as suas maiores consolações, se ele não estivesse ausente: como está, julgue, a partir do seu afeto por mim, o quanto é justo que você seja preservada para ele em vez de ser sacrificada por mim. Sempre que seus paroxismos mais intensos de tristeza a assolarem e pedirem para que você ceda a eles, pense em seu pai. Dando a ele tantos netos e bisnetos, você não é mais sua única filha; mas somente você pode coroar sua vida próspera com um final feliz: enquanto ele estiver vivo, é impiedade você lamentar ter nascido.

XIX. Até agora, não mencionei a sua principal fonte de consolo: sua irmã. Aquele coração mais fiel que compartilha todas as suas tristezas tão plenamente quanto as delas, e que sente por todos nós como uma mãe. Com ela, você misturou suas lágrimas, em seu seio você encontrou seu primeiro repouso: ela sempre sente por seus problemas, e quando estou envolvido, ela não sofre apenas por você. Foi nos braços dela que eu fui carregado para Roma: com seu cuidado afetuoso e materno, recuperei minha força após um longo período de doença: ela ampliou sua influência para obter o cargo de questor para mim, e seu afeto por mim fez com que ela superasse uma timidez que, em outros momentos, a fazia evitar falar ou cumprimentar seus amigos em voz alta. Nem seu modo de vida recluso, nem sua modéstia de interior, em uma época em que muitas mulheres exibem tanta ousadia de modo, sua placidez, nem seus hábitos de solidão a impediram de se tornar realmente ambiciosa por minha causa. Aqui, minha querida mãe, está uma fonte da qual você pode obter consolo verdadeiro: una-se a ela, na medida do possível, abrace-a com os abraços mais apertados. Aqueles que estão sofrendo costumam fugir daqueles que lhes são mais queridos e buscar liberdade para a indulgência de sua tristeza: deixe-a compartilhar todos os seus pensamentos: se você deseja cuidar de sua tristeza, ela será sua companheira, se você deseja deixá-la de lado, ela encerrará. No entanto, se eu compreendo corretamente a sabedoria dessa mulher mais perfeita, ela não permitirá que você gaste sua vida em luto improdutivo e lhe contará o que aconteceu em seu próprio caso, que eu mesmo testemunhei. Durante uma viagem marítima, ela perdeu um amado marido, meu tio, com quem se casara quando era solteira; ela suportou ao mesmo tempo a tristeza por ele e o medo por si mesma, e, por fim, mesmo depois de ter sido naufragado, resgatou seu corpo do mar que havia vencido. Quantos feitos nobres são desconhecidos da fama! Se ela tivesse tido os antigos de mente simples para admirar suas virtudes, quantos intelectos brilhantes teriam competido entre si para cantar os louvores de uma esposa que esqueceu a fraqueza de seu sexo, esqueceu os perigos do mar, que aterrorizam até mesmo os mais destemidos, se expôs à morte para colocá-lo na terra e que estava tão ansiosa para dar-lhe um sepultamento decente que não se importou se o compartilharia ou não. Todos os poetas tornaram famosa a esposa[24] que se deu à morte em vez de seu

---

24 NOTA DE AUBREY STEWART — Alceste.

CONSOLAÇÕES À HÉLVIA

marido: minha tia fez mais quando arriscou sua vida para dar a seu marido um túmulo: mostra um amor maior suportar o mesmo perigo por um fim menos importante. Após isso, ninguém precisa se surpreender que, durante dezesseis anos, nos quais seu marido governou a província do Egito, ela nunca tenha sido vista em público, nunca tenha admitido nativos em sua casa, nunca tenha implorado um favor a seu marido e nunca tenha permitido que alguém implorasse algo a ela. Assim, aconteceu que uma província fofoqueira, engenhosa em inventar escândalos sobre seus governantes, na qual até os inocentes muitas vezes incorriam em desgraça, a respeitou como um exemplo singular de retidão[25], nunca fez brincadeiras com seu nome — um notável ato de autocontenção em um povo que arrisca tudo ao invés de abandonar uma piada — e que, atualmente, espera por outra esposa de governador como ela, embora não tenha uma expectativa razoável de jamais ver uma assim. Teria sido altamente creditável para ela se a província tivesse aprovado sua conduta por dezesseis anos; foi muito mais louvável para ela que não soubesse de sua existência. Não lembro disso para celebrar seus louvores, pois dar pouca atenção a eles é diminuí-los, mas para que você compreenda a magnanimidade de uma mulher que não cedeu nem à ambição nem à avareza, esses gêmeos servos e flagelos da autoridade, que, quando seu navio estava inoperante e sua própria morte estava iminente, não foi impedida pelo medo de manter firme o corpo morto de seu marido e que não procurou como escapar do naufrá-

---

25 NOTA DE AUBREY STEWART — O contexto mostra que "*santitas*" está em oposição a "rapacidade", "aceitar subornos", como o "*Celaeno*" de *Juv*. VIII. — J. E. B. M.

gio, mas como tirá-lo dali com ela. Agora você deve mostrar uma virtude igual à dela, trazer sua mente de volta da tristeza e garantir que ninguém pense que você está lamentando ter dado à luz um filho.

XX. No entanto, dado que é necessário, aconteça o que acontecer, que seus pensamentos às vezes voltem para mim, e que agora eu devo estar presente em sua mente com mais frequência do que seus outros filhos, não porque eles sejam menos queridos para você, mas porque é natural tocar mais vezes um lugar que causa dor; saiba como pensar em mim: estou tão alegre e animado como em meus melhores dias; de fato, estes são meus melhores dias, porque minha mente está aliviada de todas as preocupações com os negócios e está livre para cuidar de seus próprios assuntos. Uma hora se diverte com estudos mais leves, em outra pressiona com entusiasmo suas investigações sobre sua própria natureza e a do universo. Primeiro, ela considera os países do mundo e sua posição; em seguida, o caráter do mar que flui entre eles e o alternar de suas marés. Depois, investiga todos os terrores que pairam entre o céu e a terra: a região que é rasgada por trovões, relâmpagos, rajadas de vento, vapor, quedas de neve e granizo. Por fim, tendo percorrido cada um dos reinos inferiores, ela se eleva ao mais alto céu, desfruta do espetáculo mais nobre de todos, o das coisas divinas, e, lembrando-se de sua eternidade, revisita tudo o que foi e o que será para sempre.

DA CONSOLAÇÃO

O DÉCIMO SEGUNDO LIVRO DOS DIÁLOGOS

DE L. ANNAEUS SÊNECA, ENDEREÇADO À POLÍBIO

I. ... comparada à nossa, é firme e duradoura; mas se você a transferir para o domínio da Natureza, que destrói tudo e chama tudo de volta ao lugar de onde veio, ela é transitória. O que, na verdade, as mãos mortais fizeram que não seja mortal? As sete maravilhas do mundo, e qualquer maravilha ainda maior que a ambição das épocas posteriores tenha construído, um dia serão vistas niveladas com o chão. É assim: nada dura para sempre, poucas coisas até duram muito: todas são suscetíveis à decadência de uma forma ou de outra. As maneiras pelas quais as coisas chegam ao fim são variadas, mas, no entanto, tudo que tem um começo também tem um fim. Algumas ameaçam o mundo com a morte, e, embora você possa pensar que o pensamento seja ímpio, este universo inteiro, contendo deuses e homens e todas as suas obras, um dia será varrido e mergulhado uma segunda vez em sua escuridão original e caos. Chore, se puder, depois disso, pela perda de qualquer vida individual! Podemos lamentar as cinzas de Cartago, Numância, Corinto ou qualquer cidade que tenha caído de um alto estado, quando sabemos que o mundo deve perecer, embora não tenha um lugar onde possa cair. Chore, se puder, porque a Fortuna não o poupou, ela que um dia ousará fazer uma maldade tão grande! Quem pode ser tão arrogante e petulantemente orgulhoso a ponto de esperar que esta lei da natureza, pela qual tudo é trazido a um fim, seja posta de lado ao seu próprio desejo e que sua própria casa seja isenta da ruína que ameaça o próprio mundo? Portanto, é um grande consolo refletir que o que nos aconteceu, aconteceu a todos antes de nós e acontecerá a todos depois de nós. Em minha opinião,

CONSOLAÇÕES À POLÍBIO

a natureza fez com que seus atos mais cruéis afetassem a todos os homens da mesma forma, para que a universalidade de seu destino pudesse consolá-los por sua dureza.

II. Também será de grande ajuda para você refletir que a tristeza não pode beneficiar nem a pessoa que você perdeu nem a si mesma, e você não desejaria prolongar o que é inútil. Pois, se pudéssemos ganhar algo com a tristeza, eu não recusaria dar às suas desventuras qualquer lágrima que meus próprios olhos tenham deixado à minha disposição, já exaustos de chorar pelas minhas próprias aflições domésticas, se isso pudesse ser de algum serviço a você. Por que você hesita? Vamos lamentar juntos, e até mesmo farei dessa disputa a minha própria: "A Fortuna, a quem todos consideram a mais injusta, parecia até agora ter se contido de atacar aquele que, por sua graça, se tornara objeto de respeito universal, de forma que — rara distinção para qualquer um — sua prosperidade não despertara inveja: mas agora, veja! Você lhe deu a ferida mais cruel que, enquanto César vive, ele poderia receber, e depois de reconhecê-lo de todos os lados, você descobriu que, neste ponto, ele estava exposto aos seus golpes. O que mais, de fato, você poderia ter feito a ele? Deveria tirar sua riqueza? Ele nunca foi seu escravo: agora ele até a afastou o máximo possível e a principal coisa que ele ganhou por suas facilidades inigualáveis em acumular dinheiro foi desprezá-lo. Deveria tirar seus amigos? Você sabia que ele tinha um temperamento tão adorável que poderia facilmente conquistar outros para substituir aqueles que poderia perder: de todos os oficiais poderosos da casa imperial, ele me parece ser o único que todos desejam ter como amigo, sem considerar quão vantajosa seria a sua amizade. Deveria tirar sua reputação? Ela está tão bem estabelecida que nem mesmo você poderia abalá-la. Deveria tirar sua saúde? Você sabia que sua mente estava tão fundamentada em estudos filosóficos, nas escolas das quais ele nasceu e cresceu, que ela se elevaria acima de qualquer sofrimento do corpo. Deveria tirar seu fôlego? Que pequeno dano isso seria para ele? A fama prometeu uma das vidas mais longas para o seu gênio: ele mesmo tomou o cuidado de que sua parte melhor permanecesse viva e se guardou contra a morte pela composição de suas admiráveis obras de eloquência: enquanto a literatura for honrada, enquanto a força do idioma latino ou a graça do idioma grego subsistirem, ele florescerá junto com os maiores escritores, cujo gênio ele mediu, ou, se a sua modéstia não me permitir dizer isso, com quem ele se conectou. Portanto, esse foi o único meio que você poderia conceber para lhe causar um grande dano. Quanto melhor é uma pessoa, mais frequentemente ela sofre com a sua raiva indiscriminada, você, que é temida até quando está concedendo benefícios a alguém. Quão pouco isso teria custado para você afastar esse golpe de alguém sobre quem seus favores pareciam ser concedidos de acordo com algum plano regular, e não jogados ao acaso como de costume!"

III. Acrescentemos, se desejar, a essas razões de queixa a disposição do jovem a si mesmo, cortada no meio de seu primeiro crescimento. Ele era digno de ser seu irmão: você certamente não merecia ser afligido por seu irmão, mesmo que ele fosse indigno. Todos os homens testemunham

CONSOLAÇÕES À POLÍBIO

igualmente seus méritos: ele é lamentado por sua causa e é elogiado por si mesmo. Ele não tinha qualidades que você não ficaria contente em reconhecer. Você teria sido bom até mesmo com um irmão pior, mas para ele seu amor fraternal foi dado de forma ainda mais livre, porque nele encontrou um campo tão adequado para o seu exercício. Ninguém jamais sentiu sua influência ao receber injúrias de suas mãos, ele nunca usou o fato de você ser seu irmão para ameaçar ninguém: ele moldou seu caráter segundo o modelo de sua modéstia e refletiu sobre a grande glória e o grande fardo que você representava para sua família: o fardo que ele podia suportar; mas, ó Destino impiedoso, sempre injusto para com a virtude — antes que seu irmão pudesse experimentar a felicidade de sua posição, ele foi chamado de volta. Estou bem ciente de que expresso meus sentimentos de forma inadequada; pois nada é mais difícil do que encontrar palavras que representem adequadamente uma grande tristeza: no entanto, vamos lamentar novamente por ele, se isso for útil: "O que você queria, Fortuna, por ser tão injusta e tão cruel? Você tão cedo se arrependeu do seu favor? Que crueldade foi cair sobre os irmãos, quebrar um círculo tão amoroso com um ataque tão mortal; por que você trouxe luto para uma casa tão abundantemente abastecida de jovens admiráveis, em que nenhum irmão ficou aquém do alto padrão dos outros, e sem causa retirou um deles? Então, inocência escrupulosa de vida, frugalidade antiquada, o poder de acumular grande riqueza exercido com a maior abnegação, um amor verdadeiro e imperecível pela literatura, uma mente livre do menor pecado, tudo não vale nada: Políbio está de luto e, advertido pelo destino de um irmão do que pode ter a temer pelo resto, teme pelas próprias pessoas que o consolam em sua tristeza. Oh, vergonha! Políbio está de luto, e chora mesmo que ainda desfrute do favor de César. Sem dúvida, Fortuna, o que você pretendia em sua raiva débil era provar que ninguém poderia ser protegido de seus ataques, nem mesmo por César."

IV. Poderíamos continuar culpando o destino por muito mais tempo, mas não podemos alterá-lo: ele permanece rígido e inexorável: ninguém pode movê-lo com reprovações, lágrimas ou justiça. O destino nunca poupa ninguém, nunca faz concessões a ninguém. Portanto, abstenhamo-nos de lágrimas inúteis: pois nossa tristeza nos levará a encontrá-lo mais cedo do que o trará de volta para nós: e se ele nos tortura sem nos ajudar, devemos abandoná-lo o mais rápido possível e restaurar o ânimo de nossas mentes depois de se entregarem a esse consolo inútil e ao amargo luxo da tristeza: pois a menos que a razão ponha fim às nossas lágrimas, a Fortuna não o fará. Olhe ao redor, eu lhe peço, sobre todos os mortais: em toda parte há motivos amplos e constantes para o choro: um homem é forçado ao trabalho diário pela pobreza árdua, outro é atormentado pela ambição nunca descansada, outro teme as riquezas que um dia desejou, e sofre com o cumprimento de sua própria oração: um homem é infeliz pela solidão, outro pelo trabalho, outro pelas multidões que sempre assediam seu vestíbulo. Este chora porque tem filhos, aquele porque os perdeu. As lágrimas nos faltarão mais cedo do que as razões para derramá-las. Você não vê que tipo de vida deve ser a que a Natureza nos promete, quando nos faz chorar assim que nascemos? Começamos a

CONSOLAÇÕES À POLÍBIO

vida dessa maneira, e toda a cadeia de anos que se segue está em harmonia com ela. Portanto, passamos por nossas vidas, e, consequentemente, devemos economizá-la, já que somos tão frequentemente obrigados a desgastá-la.

V. Será de grande ajuda também para você considerar que não há ninguém a quem sua tristeza seja mais desagradável do que aquele em cujo nome é derramada: ele não deseja que você sofra ou não entende por que você sofre. Portanto, não há motivo para um serviço que é inútil se não é sentido por aquele que é o objeto dele, e que lhe é desagradável. Posso afirmar com segurança que não há ninguém no mundo todo que sinta prazer com suas lágrimas. O que, então? Você supõe que seu irmão tem um sentimento em relação a você que ninguém mais tem, que deseja que você seja prejudicado por sua autotortura, que deseja separá-lo dos assuntos de sua vida, ou seja, da filosofia e de César? Isso não é provável: pois ele sempre cedeu a você como irmão, respeitou você como pai, cortejou você como superior. Ele deseja ser lembrado com carinho por você, e não ser uma fonte de agonia. Por que, então, você insiste em definhar com uma tristeza que, se os mortos têm algum sentimento, seu irmão deseja pôr fim? Se fosse qualquer outro irmão sobre cujo afeto houvesse alguma dúvida, eu diria tudo isso vagamente e adicionaria: "Se seu irmão deseja que você seja atormentado com luto interminável, ele não merece tanto afeto: se ele não deseja, afaste a tristeza que afeta a ambos: um irmão frio não deveria sofrer, um bom irmão não desejaria ser tão lamentado", mas com um irmão cujo amor fraternal foi tão claramente comprovado, podemos ter certeza de que nada o machucaria mais do que ver você sendo machucado por sua perda, que isso lhe causa agonia, que seus olhos, por mais indignos que sejam de tal destino, estejam constantemente cheios e esvaziados de lágrimas incessantes pela mesma causa.

Nada, no entanto, impedirá que sua natureza amorosa derrame essas lágrimas inúteis de forma tão eficaz quanto a reflexão de que você deve mostrar a seus irmãos um exemplo ao suportar com coragem esse ultraje do destino. Você deve imitar grandes generais em tempos de desastre, quando são cuidadosos em manter uma atitude alegre e ocultar as desventuras com uma alegria fingida, para que, se os soldados vissem seu líder abatido, eles próprios ficassem desanimados. Isso deve ser feito por você também agora. Coloque um semblante que não reflita seus sentimentos e, se puder, oculte-o dentro de si e esconda-o para que não seja visto, e certifique-se de que seus irmãos, que considerarão tudo honroso que virem você fazendo, o imitem nisso e se fortaleçam ao ver sua expressão. É seu dever ser tanto o conforto quanto o consolador deles; no entanto, você não terá o poder de conter a tristeza deles se acatar a sua própria.

VI. Isso também pode evitar que você caia em um luto excessivo, se lembrar que nada do que você faz pode ser feito em segredo: todos concordam em considerá-lo uma pessoa importante, e você deve manter esse caráter: você está cercado por toda essa massa de consoladores que estão todos espiando sua mente para descobrir quanta força você tem para resistir ao pesar e se você sabe aproveitar astutamente a prosperidade ou se também pode suportar a adversidade com espírito forte: a expressão de seus próprios olhos é observada. Aqueles que são capazes de

CONSOLAÇÕES À POLÍBIO

esconder seus sentimentos podem indulgenciá-los mais livremente; mas você não é livre para guardar qualquer segredo: sua sorte o colocou em uma posição tão brilhante que nada do que você faz pode ser escondido: todos saberão como você suportou esse ferimento, se você baixou os braços ao primeiro choque ou se resistiu. Há muito tempo o amor de César o elevou, e seus próprios estudos literários o levaram à mais alta posição no Estado: nada vulgar, nada mesquinho lhe convém: mas o que pode ser mais mesquinho ou mais fútil do que se fazer de vítima da tristeza? Embora sua tristeza seja tão grande quanto a de seus irmãos, você não pode indulgenciá-la tanto quanto eles: as ideias que o público formou sobre sua aprendizagem filosófica e seu caráter tornam muitas coisas impossíveis para você. As pessoas exigem muito e esperam muito de você: você não deveria ter atraído todos os olhares para si, se quisesse ser autorizado a agir como desejasse: assim, você deve cumprir o que prometeu. Todos aqueles que elogiam as obras de seu gênio, que fazem cópias delas, que precisam de seu gênio, mesmo que não precisem de sua fortuna, são como guardas à postos sobre sua mente: você, portanto, não pode fazer nada que seja indigno do caráter de um filósofo e sábio completo, sem muitos homens se lamentarem que em algum momento lhe admiraram. Você não pode chorar além da razão: nem isso é a única coisa que você não pode fazer: você não pode permanecer dormindo após o amanhecer, ou se afastar dos problemas barulhentos dos negócios públicos para o repouso pacífico do campo, ou se refrescar com uma viagem prazerosa quando estiver cansado de atender constantemente aos deveres de seu posto árduo, ou se divertir vendo vários espetáculos, ou mesmo organizar seu dia de acordo com seu próprio desejo. Muitas coisas são proibidas a você que são permitidas aos mendigos pobres que ficam em buracos e cantos. Uma grande fortuna é uma grande escravidão; você não pode fazer nada de acordo com seu desejo: você deve dar audiência a todas essas milhares de pessoas, deve cuidar de todas essas petições: você deve se animar, para que toda essa massa de negócios que flui daqui de todas as partes do mundo seja oferecida em ordem para a consideração de nosso excelente imperador. Repito, você mesmo está proibido de chorar, para que possa ouvir tantos suplicantes chorosos: suas próprias lágrimas devem ser secas, para que as lágrimas daqueles que estão em perigo e que desejam obter o perdão gracioso do imperador mais bondoso sejam secas.

VII. Essas reflexões lhe servirão como remédios parciais para sua tristeza, mas se você deseja esquecê-la por completo, lembre-se de César: pense com que lealdade, com que diligência você é obrigado a retribuir os favores que ele lhe concedeu: então você verá que não pode afundar sob seu fardo mais do que aquele de quem os mitos nos contam, aquele cujos ombros sustentaram o mundo. Mesmo César, que pode fazer todas as coisas, não pode fazer muitas coisas por esta mesma razão: sua vigilância protege o sono de todos, seu trabalho garante seu lazer, seu esforço assegura seus prazeres, seu trabalho preserva seus feriados. No dia em que César dedicou seus serviços ao universo, ele os perdeu para si mesmo, e, como os planetas que seguem incansavelmente seu curso, ele nunca pode parar ou atender a qualquer assun-

CONSOLAÇÕES À POLÍBIO

to próprio. Após uma certa ocasião, essa proibição também é imposta a você; você não pode considerar seus próprios interesses ou se dedicar a seus próprios estudos: enquanto César possui o mundo, você não pode permitir que a alegria ou a tristeza, ou qualquer outra coisa, ocupe qualquer parte de si: você deve a si mesmo inteiro a César. Além disso, lembre-se de que, desde que você sempre afirmou que César era mais querido para você do que sua própria vida, você não tem o direito de se queixar de má sorte enquanto César estiver vivo: enquanto ele estiver a salvo, todos os seus amigos estão vivos, você não perdeu nada, seus olhos não devem apenas estar secos, mas felizes. Nele está tudo o que você tem, ele está no lugar de todo o restante para você: você não é grato o suficiente por seu estado atual (o que Deus proíba que alguém de sua disposição mais sábia e leal seja) se permitir a si mesmo chorar enquanto César está a salvo.

VIII. Agora, apontarei para você mais um remédio, de caráter mais doméstico, embora não mais eficaz. Seu pesar é mais a ser temido quando você está em sua própria casa: enquanto sua divindade estiver diante de seus olhos, não consegue encontrar meios de acessá-lo, mas César possuirá todo o seu ser; quando você deixar sua presença, a tristeza, como se tivesse então uma oportunidade de ataque, ficará à sua espreita em sua solidão e se infiltrará gradualmente em sua mente enquanto ela repousa de seus trabalhos. Portanto, você não deve permitir que nenhum momento seja desocupado pelas atividades literárias: nesses momentos, deixe a literatura pagar a dívida que seu amor longo e fiel impôs a ela, deixe-a reivindicá-lo como seu sumo sacerdote e adorador:

nesses momentos, deixe Homero[26] e Virgílio estarem muito em sua companhia, esses poetas, aos quais a raça humana deve tanto quanto todos devem a você, e eles especialmente, porque você os tornou conhecidos por um círculo mais amplo do que aquele para o qual eles escreveram. Todo o tempo que você confiar a eles estará seguro. Nesses momentos, na medida do possível, compile um relato dos atos de seu César, para que possam ser lidos por todas as gerações futuras em um panegírico escrito por um dos de seu próprio círculo: pois ele mesmo lhe proporcionará tanto o mais nobre assunto quanto o mais nobre exemplo para reunir e compor uma história. Não ousaria ir tão longe a ponto de aconselhá-lo a escrever em seu estilo elegante usual uma versão das fábulas de Esopo, uma obra que nenhum intelecto romano tentou até agora. É, sem dúvida, difícil para uma mente que sofreu um choque tão forte se voltar tão rapidamente para essas atividades mais alegres: mas se ela for capaz de passar de estudos mais sérios para esses mais leves, você deve considerar como uma prova de que ela recuperou sua força e é si mesma novamente. No primeiro caso, embora possa sofrer e resistir, ainda será conduzida pela natureza séria do assunto em consideração para se interessar por ele: mas, a menos que tenha se recuperado completamente, não suportará tratar de assuntos que devem ser escritos de maneira alegre. Portanto,

---

26 NOTA DE AUBREY STEWART — "Os Latinos tinham quatro versões de Homero (Fabric, tom. I. 1. II. capítulo 3, p. 297), no entanto, apesar dos elogios de Sêneca, *Consolação*, capítulo 26 (VIII.), parecem ter tido mais sucesso em imitar do que em traduzir os poetas gregos." — *A História do Declínio e Queda do Império Romano de Gibbon*, capítulo 41, início, nota. Políbio havia feito uma tradução em prosa de Homero e uma paráfrase em prosa de Virgílio.

CONSOLAÇÕES À POLÍBIO

você deve primeiro exercitar sua mente com estudos sérios e, em seguida, animá-la com estudos mais alegres.

IX. Também será um grande consolo para você se frequentemente se perguntar: "Estou sofrendo por minha própria conta ou pela dele que se foi? Se for por minha conta, não tenho o direito de me orgulhar da minha sensibilidade afetuosa; a tristeza só é escusável enquanto for honrosa; mas quando é causada apenas por interesses pessoais, ela não brota mais de ternura: nada é menos apropriado para um homem bom do que calcular sua tristeza por seu irmão. Se eu estiver sofrendo por conta dele, devo necessariamente adotar uma das duas opiniões a seguir: se os mortos não tiverem absolutamente nenhum sentimento, meu irmão escapou de todos os infortúnios da vida, foi devolvido ao lugar que ocupava antes de seu nascimento e, estando livre de todos os males, não pode temer, desejar ou sofrer: que loucura, então, nunca parar de sofrer por alguém que nunca mais sofrerá? Se os mortos tiverem algum sentimento, então meu irmão agora é como alguém que foi libertado de uma prisão em que ele ficou muito tempo confinado, que finalmente está livre e é seu próprio mestre, e que se diverte, se diverte vendo as obras da natureza e olha de cima para a terra e para todas as coisas humanas, enquanto olha para coisas divinas, cujo significado ele buscava em vão, de um ponto de vista muito mais próximo. Por que, então, estou desperdiçando com tristeza por alguém que está ou em bem-aventurança ou inexistente? Seria inveja chorar por alguém que está em bem-aventurança, seria loucura chorar por alguém que não tem existência alguma". Você se deixa afetar pelo pensamento de que ele parece ter sido privado de grandes bênçãos no momento em que elas vieram se acumulando sobre ele? Depois de pensar em quanto ele perdeu, lembre-se de quanto mais ele deixou de temer: a raiva nunca mais dilacerará seu coração, a doença não o esmagará, a suspeita não o perturbará, a dor roedora da inveja que sentimos pelo sucesso dos outros não o acompanhará, o terror não o fará infeliz, a volubilidade da sorte, que transfere rapidamente seus favores de um homem para outro, não o alarmará. Se você calcular corretamente, ele foi poupado mais do que perdeu. Ele não desfrutará de riqueza, ou de sua influência na Corte, ou da sua: ele não receberá benefícios e não os conferirá: você o imagina infeliz, porque perdeu essas coisas, ou feliz porque não sente falta delas? Acredite em mim, quem não precisa de boa sorte é mais feliz do que aquele a quem ela assiste: todas essas coisas boas que nos encantam pelos prazeres atraentes, mas irreais, que proporcionam, como dinheiro, alto cargo, influência e muitas outras coisas que deslumbram a cobiça estúpida da humanidade, exigem um trabalho árduo para serem mantidas, são vistas por outros com amarga inveja, e são mais ameaçadoras do que vantajosas para aqueles que são enfeitados e sobrecarregados por elas. São escorregadias e incertas; nunca podemos desfrutá-las com conforto; pois, mesmo deixando de lado a ansiedade com relação ao futuro, a administração atual de grande prosperidade é uma tarefa incômoda. Se devemos acreditar em alguns buscadores profundos da verdade, a vida é inteiramente tormento: somos lançados, por assim dizer, neste mar profundo e agitado, cujas marés sobem

CONSOLAÇÕES À POLÍBIO

e descem, às vezes nos elevando repentinamente pela ascensão da sorte, às vezes nos reduzindo ainda mais por perdas maiores, e sempre nos lançando, nunca nos deixando repousar em terra firme. Rolamos e afundamos nas ondas e, às vezes, batemos uns nos outros, às vezes naufragamos, sempre estamos com medo. Para aqueles que navegavam neste mar tempestuoso, expostos a todos os ventos, não há porto, exceto a morte. Portanto, não inveje seu irmão pelo descanso; ele finalmente se tornou livre, seguro e imortal: ele deixa para trás César e toda a sua família, você, os irmãos dele e os seus irmãos. Ele deixou a sorte antes que ela deixasse de olhá-lo com favor, enquanto ela permanecia a seu lado, oferecendo-lhe presentes com uma mão cheia. Agora ele vagueia livre e alegre pelos céus infinitos; ele deixou esta região pobre e baixa e ascendeu para aquele lugar, seja qual for, que recebe em seu seio feliz as almas que foram libertadas das correntes da matéria: agora ele perambula lá livremente e desfruta com o maior deleite todas as bênçãos da Natureza. Você está enganado! Seu irmão não perdeu a luz do dia, mas obteve uma luz mais duradoura: para onde ele foi, todos nós devemos ir da mesma forma: por que, então, choramos por seu destino? Ele não nos deixou, mas partiu antes de nós. Acredite em mim, há grande felicidade em uma morte feliz. Não podemos ter certeza de nada nem por um único dia: uma vez que a verdade é tão escura e difícil de alcançar, quem pode dizer se a morte veio a seu irmão por malícia ou por bondade?

X. Alguém tão justo em todas as coisas quanto você deve encontrar consolo no pensamento de que não sofreu injustiça pela perda de um irmão tão nobre, mas sim recebeu um benefício por ter tido permissão de desfrutar de seu afeto por tanto tempo. Aquele que não permite que seu benfeitor escolha sua própria maneira de lhe conceder um presente é injusto; aquele que não considera o que recebe como ganho e, no entanto, considera o que dá de volta como perda, é ganancioso; aquele que alega ter sido prejudicado porque seu prazer chegou ao fim é ingrato; aquele que acredita que não ganhamos nada com coisas boas além do prazer presente nelas é tolo, porque não encontra prazer em alegrias passadas e não as considera como suas posses mais seguras, pois não precisa temer que elas chegarão ao fim. Um homem limita muito estritamente seus prazeres, se acredita que só desfruta das coisas que toca e vê, se considera que ter desfrutado delas é inútil. Pois todo prazer nos deixa rapidamente, pois flui, passa rapidamente por nossas vidas e se vai quase antes de ter vindo. Portanto, devemos fazer nossa mente viajar de volta no tempo, recuperar o que costumava nos deleitar e refletir frequentemente sobre isso em nossos pensamentos: a lembrança dos prazeres é mais verdadeira e confiável do que a realidade deles. Portanto, considere entre suas maiores bênçãos o fato de ter tido um excelente irmão: você não precisa pensar por quanto tempo mais poderia tê-lo tido, mas por quanto tempo você o teve. A Natureza lhe deu ele, assim como dá a outros irmãos, não como propriedade absoluta, mas como empréstimo: depois, quando ela achou apropriado, ela o levou de volta e seguiu suas próprias regras de ação, em vez de esperar até que você tivesse indulgido seu amor à saciedade. Se alguém se indignasse por ter que reembolsar um empréstimo de dinheiro, especialmente se tivesse sido

CONSOLAÇÕES À POLÍBIO

autorizado a usá-lo sem ter que pagar juros, ele não seria considerado um homem irracional? A Natureza deu a vida ao seu irmão, assim como deu a você a sua: exercendo seus direitos legais, ela optou por pedir a um de vocês que re-embolsasse seu empréstimo antes do outro: ela não pode ser culpada por isso, pois você conhecia as condições sob as quais o recebeu: você deve culpar as esperanças gananciosas da mente dos mortais, que de tempos em tempos esquecem o que é a Natureza e nunca se lembram de sua própria sorte a menos que sejam lembrados disso. Assim, regozije-se por ter tido um irmão tão bom e seja grato por ter tido o uso e desfrute dele, embora por menos tempo do que desejava. Reflita que o que você teve dele foi extremamente agradável e que a perda dele é uma ocorrência comum à humanidade. Não há nada mais inconsistente do que um homem lamentar que um irmão tão bom não esteve com ele por tempo suficiente e não se alegrar por tê-lo tido, ainda que por um período.

XI. "Mas," você diz, "ele foi levado inesperadamente". Todo homem é enganado por sua vontade de acreditar no que deseja e escolhe esquecer que aqueles que ama são mortais: no entanto, a Natureza nos dá provas claras de que não suspenderá suas leis em favor de ninguém. Os cortejos fúnebres de nossos amigos e de estranhos passam diante de nossos olhos todos os dias, no entanto, não prestamos atenção a eles, e quando um evento acontece, o qual toda nossa vida nos adverte que acontecerá um dia, chamamos de súbito. Portanto, isso não é injustiça do destino, mas a perversidade e a insaciável ganância universal da mente humana, que fica indignada por ter que deixar um lugar para o qual foi admitida por concessão. Quão mais justo foi aquele que, ao ouvir a notícia

LÚCIO ANEU SÊNECA

da morte de seu filho, fez um discurso digno de um grande homem, dizendo: "Quando o gerei, sabia que um dia ele morreria." Na verdade, você não precisa se surpreender com o filho de tal homem sendo capaz de morrer com coragem. Ele não recebeu a notícia da morte de seu filho como notícia: pois o que há de novo na morte de um homem, quando toda a sua vida é apenas uma jornada em direção à morte? "Quando o gerei, sabia que um dia ele morreria", disse ele, e então ele acrescentou, mostrando ainda mais sabedoria e coragem: "Foi para isso que o criei". É para isso que todos nós fomos criados: toda pessoa que é trazida à vida está destinada a morrer. Aproveitemos o que nos é dado e devolvamos quando for pedido: os Destinos colocam as mãos em alguns homens em alguns momentos e em outros homens em outros momentos, mas nunca deixarão de passar por ninguém. Nossa mente deve estar sempre alerta, e embora nunca deva temer o que é certo de acontecer, ela deve sempre estar pronta para o que pode acontecer a qualquer momento. Por que preciso lhe contar sobre generais e filhos de generais, sobre homens enobrecidos por muitos consulados e triunfos, que sucumbiram à impiedosa fatalidade? Reinos inteiros, juntamente com seus reis, nações inteiras com todas as suas tribos, todos se submeteram ao seu destino. Todos os homens, sim, todas as coisas aguardam um fim de seus dias, mas nem todos chegam ao mesmo fim: um homem perde a vida no auge de sua carreira, outro no início dela, outro parece mal conseguir se libertar dela quando está desgastado pela extrema velhice e ansioso para ser libertado. Todos nós estamos indo para o mesmo lugar, mas todos vamos para lá em momentos diferentes. Não sei se é mais tolo não conhecer a lei

CONSOLAÇÕES À POLÍBIO

da mortalidade ou mais presunçoso recusar-se a obedecê-la. Vamos lá, pegue nas mãos os poemas[27] de qualquer um desses dois autores, sobre os quais seu gênio gastou tanto trabalho, que você parafraseou tão bem, que embora a estrutura do verso seja removida, seu encanto ainda é preservado; pois você os transferiu de um idioma para outro tão bem a ponto de realizar o mais difícil de todos, que é fazer com que todas as belezas do original reapareçam em um idioma estrangeiro: entre suas obras, você não encontrará um único volume que não lhe ofereça inúmeras instâncias das vicissitudes da vida humana, da incerteza dos eventos e das lágrimas derramadas por várias razões. Leia com que ardor você trovejou suas frases inflamadas: você se sentirá envergonhado de repentinamente falhar e não atingir a elevação de sua magnífica linguagem. Não cometa o erro de fazer com que todos aqueles que, de acordo com sua capacidade, admiram seus escritos, perguntem como uma mente tão frágil pode ter formado ideias tão sólidas e bem conectadas.

XII. Afaste-se desses pensamentos que o atormentam e, em vez disso, olhe para essas inúmeras e poderosas fontes de consolação que você possui: olhe para seus excelentes irmãos, olhe para sua esposa e seu filho. É para garantir a segurança de todos esses que a Sorte[28] o atingiu por este lado: você tem muitos a quem pode recorrer para conforto. Proteja-se da vergonha de deixar todos acreditarem que uma única tristeza tem mais poder sobre você do que essas mui-

---

27 NOTA DE AUBREY STEWART — Ver nota anterior, ch. VIII.
28 NOTA DE AUBREY STEWART — "A Sorte/destino dividira as estacas contigo, levando embora teu irmão e deixando o resto contigo em segurança e proteção." — Lodge.

tas consolações. Você vê todos eles mergulhados na mesma desesperança que você, e sabe que eles não podem ajudá-lo, mas, por outro lado, esperam que você os encoraje: portanto, quanto menos aprendizado e menos intelecto eles possuírem, mais vigorosamente você deve resistir ao mal que caiu sobre todos vocês. O fato de a tristeza de alguém ser compartilhada por muitas pessoas age como uma consolação, porque, se for distribuída entre tantos, a parcela que lhe cabe deve ser pequena. Não deixarei de lembrar sua mente de César. Enquanto ele governa a terra e mostra o quão melhor o império pode ser mantido por bondades do que por armas, enquanto ele preside aos assuntos da humanidade, não há perigo de você sentir que perdeu alguma coisa: apenas nesse fato você encontrará ajuda e consolo abundantes; eleve-se e fixe os olhos em César sempre que as lágrimas subirem a eles; elas ficarão secas ao contemplar essa luz mais grandiosa e brilhante; seu esplendor as atrairá e as prenderá firmemente a si mesmo, de modo que não poderão ver mais nada. Aquele que você vê, tanto de dia quanto de noite, de quem sua mente nunca se desvia para assuntos mais mesquinhos, deve ocupar seus pensamentos e ser sua defesa contra a Sorte; de fato, tão amável e gracioso como ele é para todos os seus seguidores, não tenho dúvidas de que ele já colocou muitos bálsamos curativos nessa ferida sua e forneceu muitos antídotos para sua tristeza. Mesmo que ele não tivesse feito nada do tipo, por que a mera visão e o pensamento de César em si não poderiam ser sua maior consolação? Que os deuses e deusas o poupem por muito tempo na Terra: que ele iguale as proezas do Imperador Augusto e o supere em longevidade! Enquanto ele permanecer entre os mortais, que ele

CONSOLAÇÕES À POLÍBIO

nunca seja lembrado de que alguém de sua família é mortal: que ele treine seu filho por meio de um serviço longo e fiel para ser o governante do povo romano e o veja compartilhar o poder de seu pai antes de sucedê-lo: que o dia em que seus parentes o reclamarão para o céu esteja longe, e que apenas nossos netos estejam vivos para vê-lo.

XIII. Fortuna, afaste suas mãos dele e mostre seu poder sobre ele apenas fazendo o bem: permita que ele cure a longa enfermidade da qual a humanidade sofreu; substitua e restaure tudo o que foi destruído pela loucura de nosso recente soberano: que esta estrela, que derramou seus raios sobre um mundo arrasado e mergulhado na escuridão, continue a brilhar: que ele dê paz à Alemanha, abra a Grã-Bretanha para nós e conduza triunfos pela cidade, tanto sobre as nações que seus pais conquistaram quanto sobre as novas. Com sua clemência, a primeira de suas muitas virtudes, tenho esperanças de ser um espectador: pois ele não me derrubou completamente, tanto que nunca me levantará novamente; na verdade, ele não me derrubou de modo algum; pelo contrário, ele me sustentou quando fui atingido pela má sorte e estava cambaleando e usou suavemente sua mão divina para quebrar minha queda precipitada: ele intercedeu junto ao Senado em meu favor e, não apenas me deu a vida, mas até mesmo implorou por ela. Ele cuidará do meu caso: que ele julgue meu caso como ele deseja; que sua justiça o considere bom ou sua clemência assim o veja: sua bondade para comigo será igual em ambos os casos, seja ele saiba que sou inocente ou escolha que eu seja considerado assim. Enquanto isso, é um grande conforto para mim que minhas próprias misérias me permitam ver seus perdões viajando pelo mundo: mesmo do canto em que estou confinado, sua misericórdia desenterrou e restaurou à luz muitos exilados que haviam sido sepultados e esquecidos aqui por muitos anos, e não tenho medo de ser o único a ser passado por ela. Ele melhor conhece o momento em que deve mostrar favor a cada homem: usarei todos os meus esforços para evitar que ele precise corar quando chegar até mim. Ah, que abençoada é a sua clemência, César, que faz com que os exilados vivam mais pacificamente durante o seu reinado do que os príncipes no de Gaio! Não trememos nem esperamos o golpe fatal a cada hora, nem nos aterrorizamos sempre que um navio aparece no horizonte: você impôs limites à crueldade da Fortuna em relação a nós e nos deu paz presente e esperanças de um futuro mais feliz. Você pode ter certeza de que aqueles raios trovejantes, certamente, são justos, que são adorados mesmo por aqueles que são atingidos por eles.

XIV. Assim, este príncipe, que é o consolador universal de todos os homens, já reviveu seu espírito e aplicou remédios mais poderosos, a uma ferida tão grave, quanto os que tenho: ele já o fortaleceu de todas as maneiras: sua memória singularmente retentiva já forneceu a você todos os exemplos que produzirão tranquilidade: sua eloquência prática já lhe apresentou todos os preceitos dos sábios. Portanto, ninguém poderia consolá-lo melhor do que ele: quando ele fala, suas palavras têm mais peso, como se fossem os pronunciamentos de um oráculo: sua autoridade divina esmagará toda a força de sua tristeza. Pense, então, que ele fala com você da seguinte maneira: "A Fortuna não o escolheu como o único homem no mundo a receber um golpe tão severo: não há casa em toda a terra, e nunca houve uma, que não

CONSOLAÇÕES À POLÍBIO

tenha algo a lamentar: vou me abster de exemplos tirados do povo comum, que, embora de menos importância, são também incontáveis em número, e vou direcionar sua atenção para o Calendário e as Crônicas Estatais. Você vê todas essas imagens que enchem o salão dos Césares? Não há um desses homens que não tenha sido especialmente afligido por tristezas domésticas: nenhum daqueles homens que brilham lá como o adorno das eras não foi ou torturado pela tristeza por algum de seus familiares ou mais amargamente chorado por aqueles que deixou para trás. Por que eu preciso lembrar você de Cipião Africano, que ouviu a notícia da morte de seu irmão quando ele próprio estava no exílio? Ele, que salvou seu irmão da prisão, não pôde salvá-lo de seu destino. No entanto, todos viram como a afeição fraterna de Africano era impaciente até mesmo de igual lei: no mesmo dia em que Cipião Africano resgatou seu irmão das mãos do pretor, ele, embora não ocupasse nenhum cargo, protestou contra a ação do tribuno do povo. Ele lamentou seu irmão com a mesma magnanimidade com que o defendeu. Por que eu preciso lembrar você de Cipião Emiliano[29], que quase ao mesmo tempo viu o triunfo de seu pai e o funeral de seus dois irmãos? No entanto, embora ainda jovem e pouco mais que um menino, ele suportou a perda súbita que ocorreu com sua família no mesmo dia do triunfo de Paulo com toda a coragem que convém a alguém que nasceu para que Roma não ficasse sem um Cipião e que ela ficasse sem um Cartago.

XV. Por que eu deveria falar da intimidade dos dois Luculli, que só foi quebrada pela morte deles? Ou dos Pom-

---

29 NOTA DE AUBREY STEWART — Veja *Sobre Benefícios*, v. 16.

peii, a quem a crueldade da Fortuna não permitiu nem mesmo perecer pela mesma catástrofe; pois, em primeiro lugar, Sexto Pompeu sobreviveu à sua irmã[30], cuja morte quebrou o laço de paz firmemente unido no Império Romano, e ele também sobreviveu a seu nobre irmão, a quem a Fortuna elevou tão alto para que pudesse derrubá-lo de uma altura igual àquela da qual já havia derrubado seu pai; no entanto, após esse grande infortúnio, Sexto Pompeu foi capaz de não apenas suportar sua tristeza, mas até mesmo fazer guerra. Inúmeras instâncias me ocorrem de irmãos separados pela morte: na verdade, por outro lado, vemos muito poucos pares de irmãos envelhecendo juntos: no entanto, vou me contentar com exemplos de minha própria família. Ninguém pode ser tão destituído de sentimentos ou de razão a ponto de reclamar que a Sorte o lançou em luto quando ele aprende que ela cobiçou as lágrimas dos próprios Césares. O imperador Augusto perdeu sua querida irmã, Octávia, e embora a Natureza o destinasse ao céu, ela não relaxou suas leis para poupá-lo do luto enquanto estava na Terra: pelo contrário, ele sofreu todos os tipos de luto, perdendo o filho de sua irmã[31], que estava destinado a ser seu herdeiro. Em suma, para não mencionar suas tristezas em detalhes, ele perdeu seu genro, seus filhos e seus netos, e, enquanto permaneceu entre os homens, nenhum mortal foi mais frequentemente lembrado de que era um homem. No entanto, sua mente, que era capaz de suportar todas as coisas, suportou todas es-

---

30 NOTA DE AUBREY STEWART — Cipião Africano Menor, filho de Paulo Emílio.

31 NOTA DE AUBREY STEWART — Marcelo. Consulte os versos bem conhecidos de Virgílio, Eneida, VI, 869, ss., e a Consolatio ad Marciam, 2.

CONSOLAÇÕES À POLÍBIO

sas tristezas pesadas, e o abençoado Augusto foi o vencedor, não apenas das nações estrangeiras, mas também de suas próprias tristezas. Gaio César[32], neto do abençoado Augusto e meu grande tio materno, nos primeiros anos da idade adulta, quando era Príncipe da Juventude Romana e se preparava para a guerra contra os Partos, perdeu seu querido irmão Lúcio[33], que também era "Príncipe da Juventude Romana", e sofreu mais com isso em sua mente do que sofreu depois em seu corpo, embora tenha suportado ambas as aflições com a maior piedade e fortitude. Tibério César, meu tio paterno, perdeu seu irmão mais novo, Druso Germânico[34], meu pai, quando estava abrindo as fortalezas mais interiores da Germânia e submetendo as tribos mais ferozes ao domínio do Império Romano; ele o abraçou e recebeu seu último beijo, mas, no entanto, conteve não apenas sua própria tristeza, mas a dos outros, e quando todo o exército, não apenas triste, mas desolado, reivindicou o corpo de seu Druso para si, ele os fez lamentar apenas da maneira que convém aos romanos lamentar, e ensinou que eles deveriam observar a disciplina militar não apenas na luta, mas também no luto. Ele não teria conseguido conter as lágrimas dos outros se não tivesse reprimido primeiro as suas.

32 NOTA DE AUBREY STEWART — G. César, falecido em Limira, no ano 4 d.C.
33 NOTA DE AUBREY STEWART — Lúcio César, falecido em Marselha, no ano 2 d.C.
34 NOTA DE AUBREY STEWART — Druso faleceu devido a uma queda de seu cavalo, no ano 9 a.C. "Foi erguido um monumento em sua homenagem em Mogúncia (Mainz), e jogos e espetáculos militares foram exibidos lá no aniversário de sua morte. Um altar já havia sido erguido em sua honra nas margens do rio Lippe." Tac. Ann. II. 7. "Os soldados começaram a se considerar como um povo distinto, com ritos e heróis próprios. Augusto exigiu que entregassem o corpo de seu querido chefe como uma questão de disciplina." Merivale, capítulo 36.

XVI. "Marco Antônio, meu avô, que não era inferior a ninguém, exceto a seu conquistador, recebeu a notícia da execução de seu irmão no exato momento em que o Estado estava a seu dispor, e, como membro do triunvirato, ele não via ninguém no mundo superior a si em poder, nem sequer quando, com exceção de seus dois colegas, todo homem estava subordinado a ele. Ó Fortuna leviana, que espetáculo você faz para si mesma com as tristezas humanas! No exato momento em que Marco Antônio estava entronizado com o poder da vida e da morte sobre seus compatriotas, o irmão de Marco Antônio estava sendo conduzido para a morte; no entanto, Antônio suportou essa cruel ferida com a mesma grandeza de espírito com que suportara todas as suas outras aflições; e ele lamentou seu irmão ao oferecer o sangue de vinte legiões a seus manes[35]. No entanto, para passar por todas as outras instâncias, não falaria das outras mortes que ocorreram em minha própria família. A Fortuna me atacou duas vezes pela morte de um irmão; ela aprendeu duas vezes que podia me ferir, mas não me derrubar. Perdi meu irmão Germânico, a quem amava de uma maneira que qualquer um entenderá se pensar em como os irmãos afetuosos se amam; no entanto, eu restringi meus sentimentos de tristeza de modo a não deixar de fazer nada que um bom irmão pudesse ser chamado a fazer, nem fazer nada que um soberano pudesse ser censurado por fazer."

Pense, então, que nosso pai comum cita esses exemplos para você, e que ele aponta como nada é respeitado ou con-

---

35 Mane é termo utilizado para denominar os espíritos dos ancestrais mortos. (N. do R.)

CONSOLAÇÕES À POLÍBIO

siderado inviolável pela Fortuna, que ousa, realmente, enviar cortejos fúnebres da própria casa em que se procura por deuses: portanto, que ninguém se surpreenda com ela cometendo qualquer ato de crueldade ou injustiça; pois como ela poderia mostrar alguma humanidade ou moderação em seus tratos com famílias particulares, quando sua fúria impiedosa já tão frequentemente enlutou o próprio trono[36] com preto? Ela não mudará seus hábitos mesmo que seja repreendida, não apenas por minha voz, mas pela de toda a nação: ela seguirá em seu curso, apesar de todas as orações e queixas. Assim tem sido a Sorte, sempre, e assim ela sempre será em relação aos assuntos humanos: ela nunca se impediu de atacar nada, e nunca deixará nada em paz: ela vai rugir terrivelmente em todos os lugares, como sempre fez: ela ousará entrar, para propósitos malignos, em casas cuja entrada passa pelos templos dos deuses, e pendurará sinais de luto em batentes lauradas. No entanto, se ela ainda não decidiu destruir a raça humana: se ela ainda olha com favor para a nação romana, que nossas orações públicas e privadas prevaleçam sobre ela para considerar como sagrado, livre de sua violência, esse príncipe, que todos consideram sacro, que lhes foi concedido pelo céu para dar-lhes descanso após suas desgraças: que ela aprenda a clemência com ele, e que o mais brando de todos os soberanos lhe ensine a brandura.

XVII. Portanto, você deve fixar seus olhos em todas as pessoas que acabei de mencionar, que foram deificadas ou estavam intimamente relacionadas àqueles que foram deificados, e quando a Fortuna colocar as mãos sobre você,

---

36 NOTA DE AUBREY STEWART — Pulvinária. Veja a nota, capítulo XVII.

deve suportar com calma, vendo que ela não respeita nem mesmo aqueles pelos quais juramos. É seu dever imitar a constância deles em suportar e triunfar sobre o sofrimento, até onde é permitido a um simples mortal seguir os passos dos imortais. Embora em todos os outros assuntos, posição e nascimento façam grandes distinções entre os homens, a virtude está aberta a todos; ela não despreza ninguém, desde que ele se considere digno de possuí-la. Certamente você não pode fazer melhor do que seguir o exemplo daqueles que, embora pudessem estar irritados por não serem isentos deste mal, decidiram considerar isso, a única coisa que os iguala aos outros homens, não como um erro cometido contra eles próprios, mas como a lei de nossa natureza mortal, e suportar o que lhes acontece sem amargura e raiva excessivas, e ainda assim não com espírito vil ou covarde; pois não é humano não sentir nossas tristezas, enquanto é desumano não suportá-las. Quando examino a lista de todos os Césares dos quais o destino privou de irmãs ou irmãos, não posso deixar de mencionar aquele que não é digno de figurar na lista de Césares, que a Natureza produziu para ser a ruína e a vergonha da raça humana, que destruiu e arrasou completamente o Estado que agora se recupera sob o suave domínio do mais benigno dos príncipes. Ao perder sua irmã Drusila, Caio César, um homem que não conseguia lamentar nem se alegrar como convém a um príncipe, evitou ver e falar com seus concidadãos, não compareceu ao funeral de sua irmã, não prestou o tributo convencional de respeito a ela, mas tentou esquecer as tristezas causadas por essa morte tão angustiante jogando dados em sua vila em Albânia e sentando-se no tribunal e outros compromissos usuais. Que des-

CONSOLAÇÕES À POLÍBIO

graça para o Império! Um imperador romano se consolou jogando dados por sua tristeza pela perda de sua irmã! Esse mesmo Caio, com leveza insensata, às vezes deixava crescer sua barba e cabelo, às vezes vagava sem rumo ao longo da costa da Itália e Sicília. Ele nunca tomou uma decisão clara sobre se desejava que sua irmã fosse chorada ou adorada, e durante todo o tempo em que estava construindo templos e santuários[37] em sua homenagem, punia aqueles que não manifestavam tristeza suficiente com as torturas[38] mais cruéis, pois sua mente estava tão desequilibrada que ele estava tão abatido pela adversidade quanto era indevidamente exaltado e inflado pelo sucesso. Que todo romano esteja longe de seguir tal exemplo, seja para desviar a mente de sua tristeza com divertimentos desmedidos, estimulá-la por sujeira e negligência impróprias ou ser tão desumano a ponto de se consolar com o prazer no sofrimento dos outros.

XVIII. No entanto, você não precisa mudar nenhum dos seus hábitos rotineiros, uma vez que ensinou a si mesmo a amar aqueles estudos que, embora sejam especialmente adequados para aperfeiçoar nossa felicidade, ao mesmo tempo nos ensinam como podemos suportar a desgraça com mais leveza, e que são ao mesmo tempo a maior honra e o maior conforto de um homem. Agora, portanto, mergulhe ainda

---

37 NOTA DE AUBREY STEWART — Pulvinária. Essa palavra significa corretamente "um leito feito de almofadas e coberto com um esplêndido revestimento, para os deuses ou pessoas que recebiam honras divinas".
38 NOTA DE AUBREY STEWART — Merivale, seguindo Suetônio e Dion Cássio, diz: "Ele declarou que se alguém ousasse lamentar a morte de sua irmã, deveria ser punido, pois ela havia se tornado uma deusa: se alguém ousasse se alegrar com sua deificação, também deveria ser punido, pois ela estava morta." O trecho no texto, ele observa, dá uma reviravolta menos extravagante à história.

mais profundamente em seus estudos, cerque sua mente com eles como fortificações, para que a tristeza não encontre um lugar por onde possa entrar. Ao mesmo tempo, prolongue a lembrança de seu irmão inserindo uma memória dele entre seus outros escritos: pois esse é o único tipo de monumento que pode ser erguido pelo homem e que nenhuma tempestade pode prejudicar, nenhum tempo destruir. Os outros, que consistem em pilhas de pedra, massas de mármore ou grandes montes de terra empilhados, não podem preservar sua memória por muito tempo, porque eles próprios perecem; mas os memoriais que o gênio ergue são eternos. Derrame isso sobre seu irmão, embalsame-o nisso: você fará melhor em imortalizá-lo com uma obra-prima eterna do que lamentá-lo com uma tristeza inútil. Quanto à própria Fortuna, embora eu não possa defender seu caso perante você no momento, porque tudo o que ela nos deu agora é odioso a você, porque ela tirou algo de você, ainda assim, vou defender seu caso assim que o tempo o tornar um juiz mais imparcial de sua ação: na verdade, ela tem concedido muito a você para compensar o prejuízo que causou, e dará mais no futuro como forma de reparação por isso: e, afinal, foi ela mesma quem lhe deu esse irmão que ela levou embora. Abstenha-se, portanto, de mostrar suas habilidades contra si mesmo ou de se juntar à sua tristeza contra si mesmo: sua eloquência pode, sem dúvida, fazer com que as trivialidades pareçam grandes, e, inversamente, pode desvalorizar e depreciar grandes coisas até que pareçam as mais triviais; mas que ela reserve esses poderes e os use em algum outro assunto e, no momento presente, dedique toda a sua força à tarefa de consolá-lo. Ainda assim, veja se mesmo esta tare-

CONSOLAÇÕES À POLÍBIO

fa não é desnecessária. A Natureza exige de nós uma certa quantidade de tristeza, nossa imaginação adiciona mais a ela; mas nunca vou proibir você de chorar. Eu sei, de fato, que há alguns homens, cuja sabedoria é de caráter áspero, em vez de corajoso, que afirmam que o homem sábio nunca deve lamentar. Parece-me que eles nunca podem ter estado na posição de enlutados, pois, de outra forma, sua desventura teria abalado toda a sua filosofia altiva, e, por mais que contra a vontade, os teria forçado a confessar sua tristeza. A razão terá feito o suficiente se ela simplesmente cortar de nossa tristeza tudo o que é supérfluo e inútil: quanto a ela não nos permitir lamentar de forma alguma, isso não devemos nem esperar nem desejar. Que ela, em vez disso, nos contenha dentro dos limites de uma tristeza comedida, que não participa nem da indiferença nem da loucura, e que mantenha nossa mente na atitude que convém ao afeto sem agitação: deixe suas lágrimas fluírem, mas permita que elas cessem de fluir um dia: lamente-se o quanto quiser, mas permita que seus lamentos cessem um dia: regule seu comportamento de forma que tanto filósofos quanto irmaos possam aprová-lo. Faça-se sentir prazer em pensar frequentemente em seu irmão, fale constantemente sobre ele e mantenha-o sempre presente em sua memória; o que você não pode alcançar a menos que torne a lembrança dele agradável em vez de triste: pois é natural que a mente se esquive de um assunto que não pode contemplar sem tristeza. Pense em seu temperamento reservado, em suas habilidades para os negócios, em sua diligência em levá-los adiante, em sua lealdade à sua palavra. Conte a outros todos os seus dizeres e feitos e lembre-se deles: pense em quão bom ele era e quão grande você esperava que ele se tornasse: pois que sucesso existe que você não poderia apostar com segurança que um irmão assim ganharia?

Reuni essas reflexões da melhor maneira que pude, pois minha mente está obscurecida e entorpecida pelo tédio de meu longo exílio. Portanto, se você as achar indignas da consideração de uma pessoa de sua inteligência ou incapazes de consolá-lo em sua tristeza, lembre-se de quão impossível é para alguém cheio de suas próprias tristezas encontrar tempo para cuidar das dos outros e quão difícil é expressar-se na língua latina quando ao seu redor se ouve apenas um rude jargão estrangeiro, que até mesmo os bárbaros de um tipo mais civilizado consideram com desdém.

**ENCONTRE MAIS
LIVROS COMO ESTE**